# THIS BOOK BELONGS TO:

# PARTE : 1

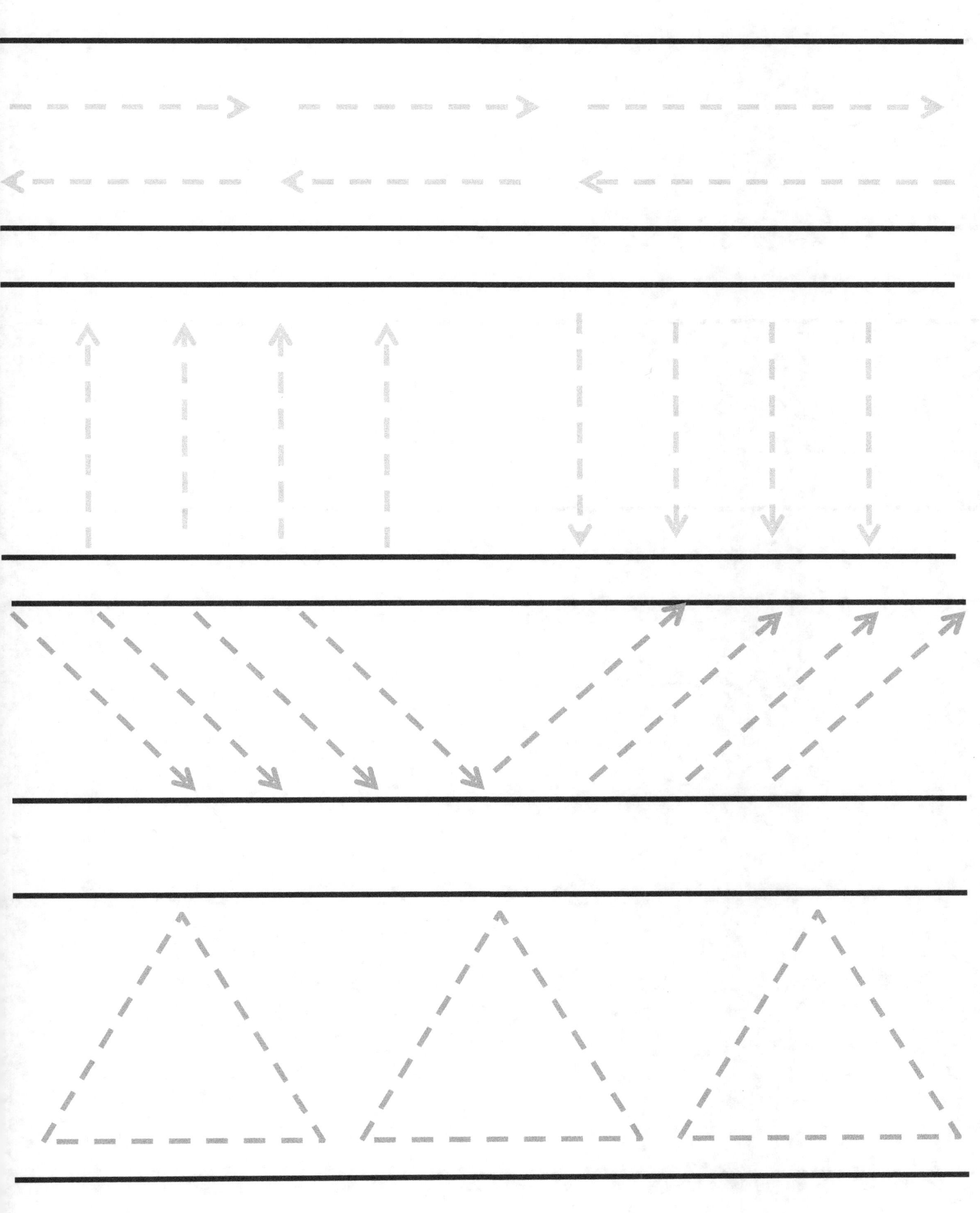

# PARTE : 2

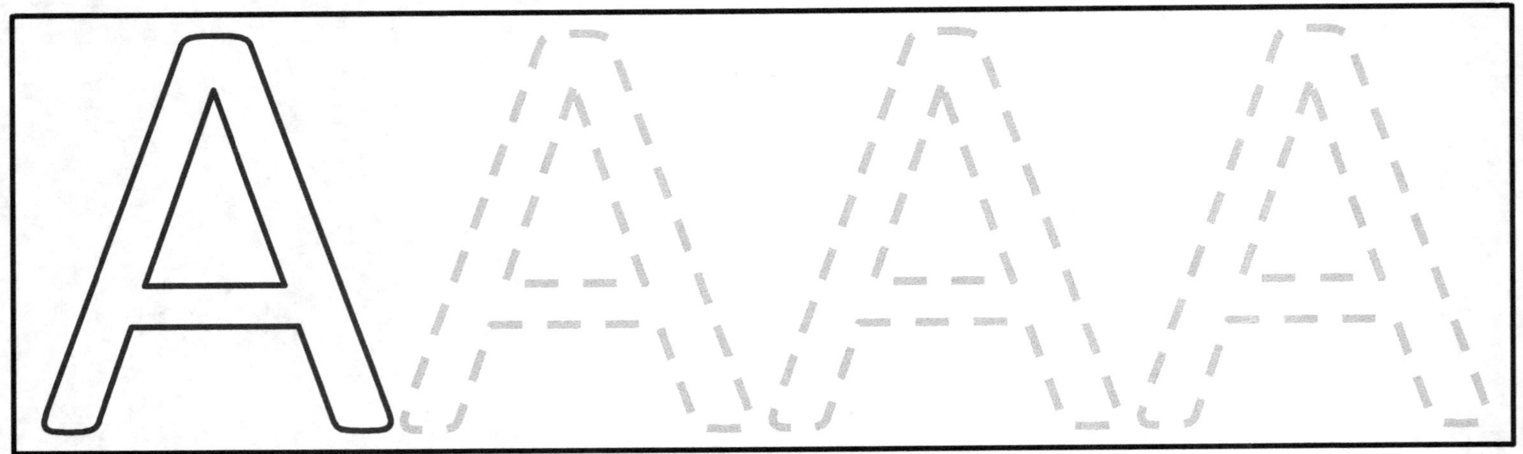

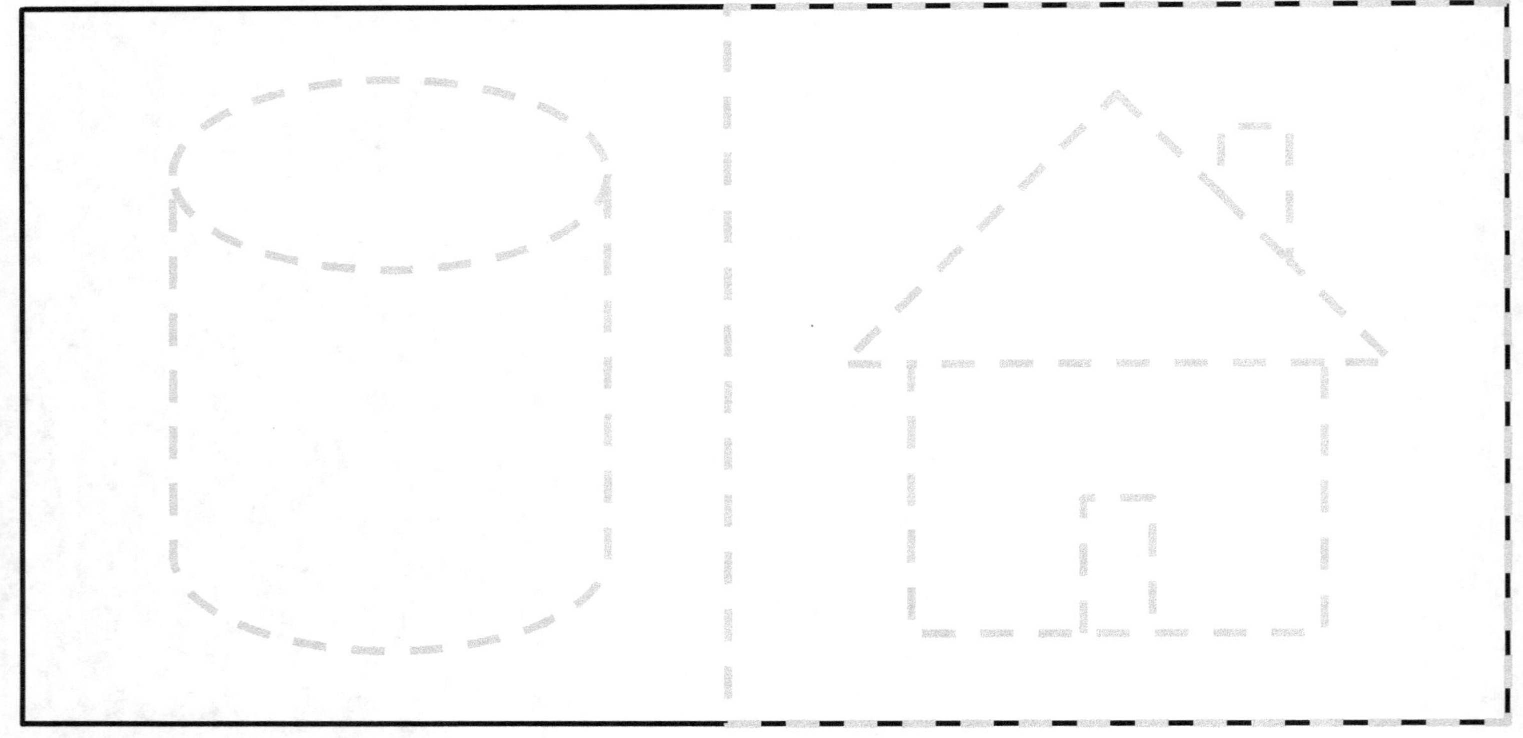

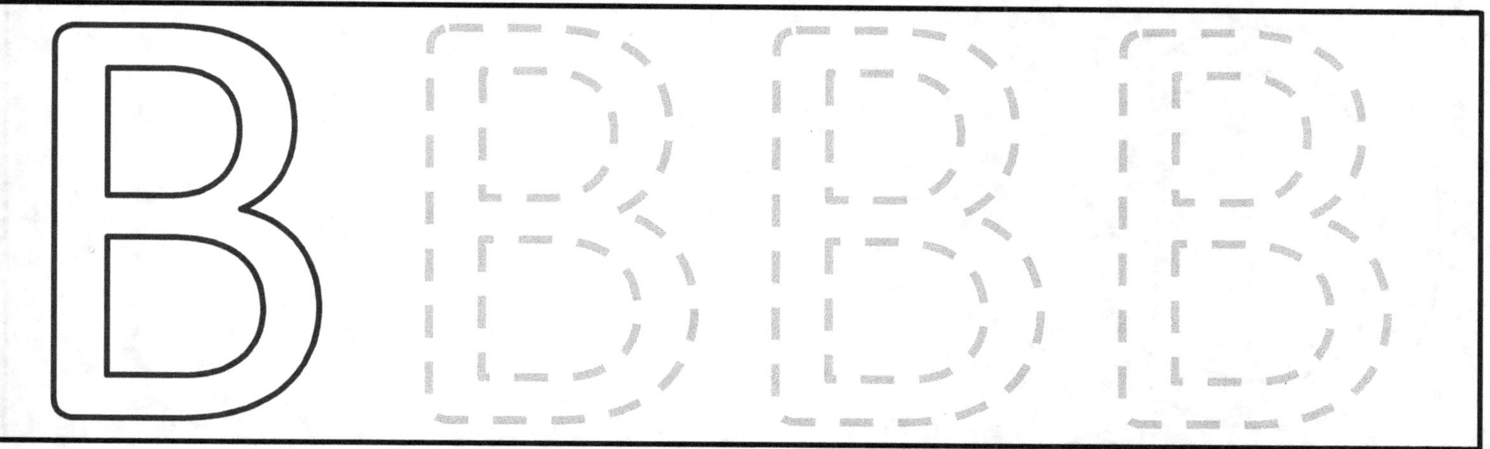

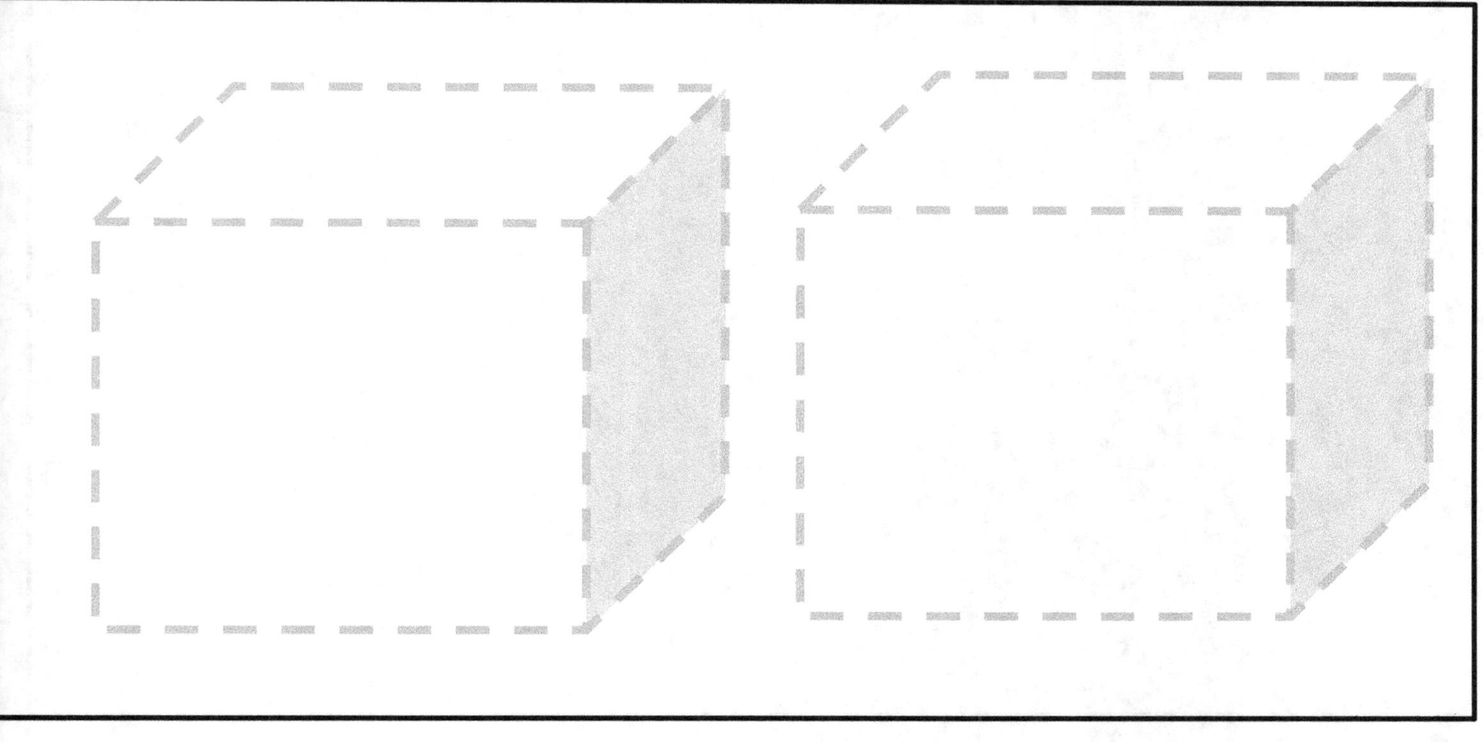

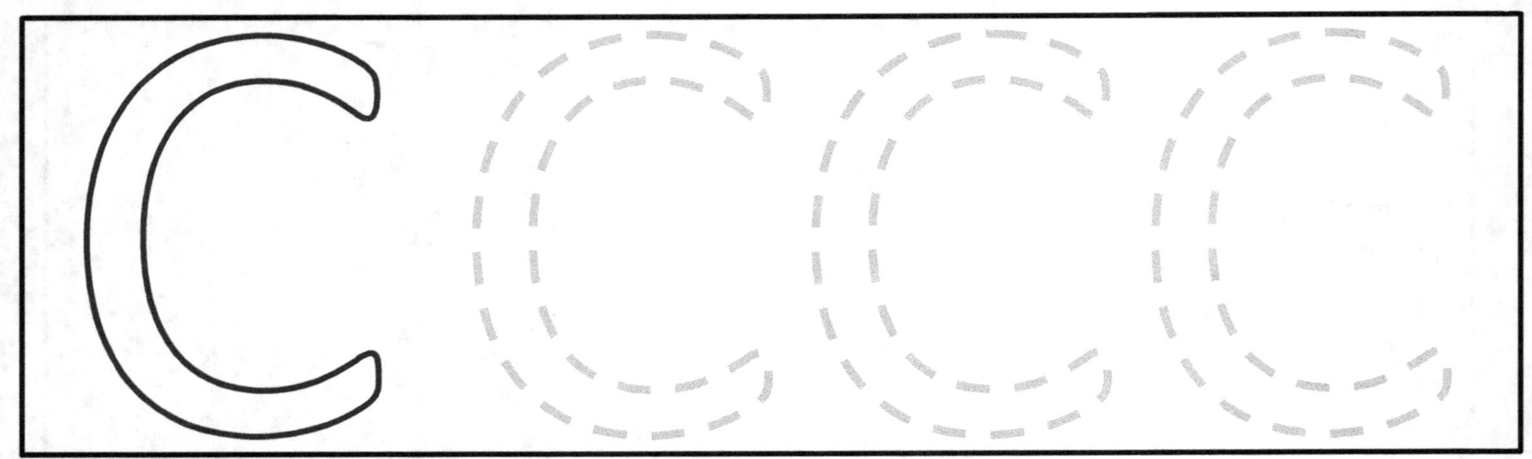

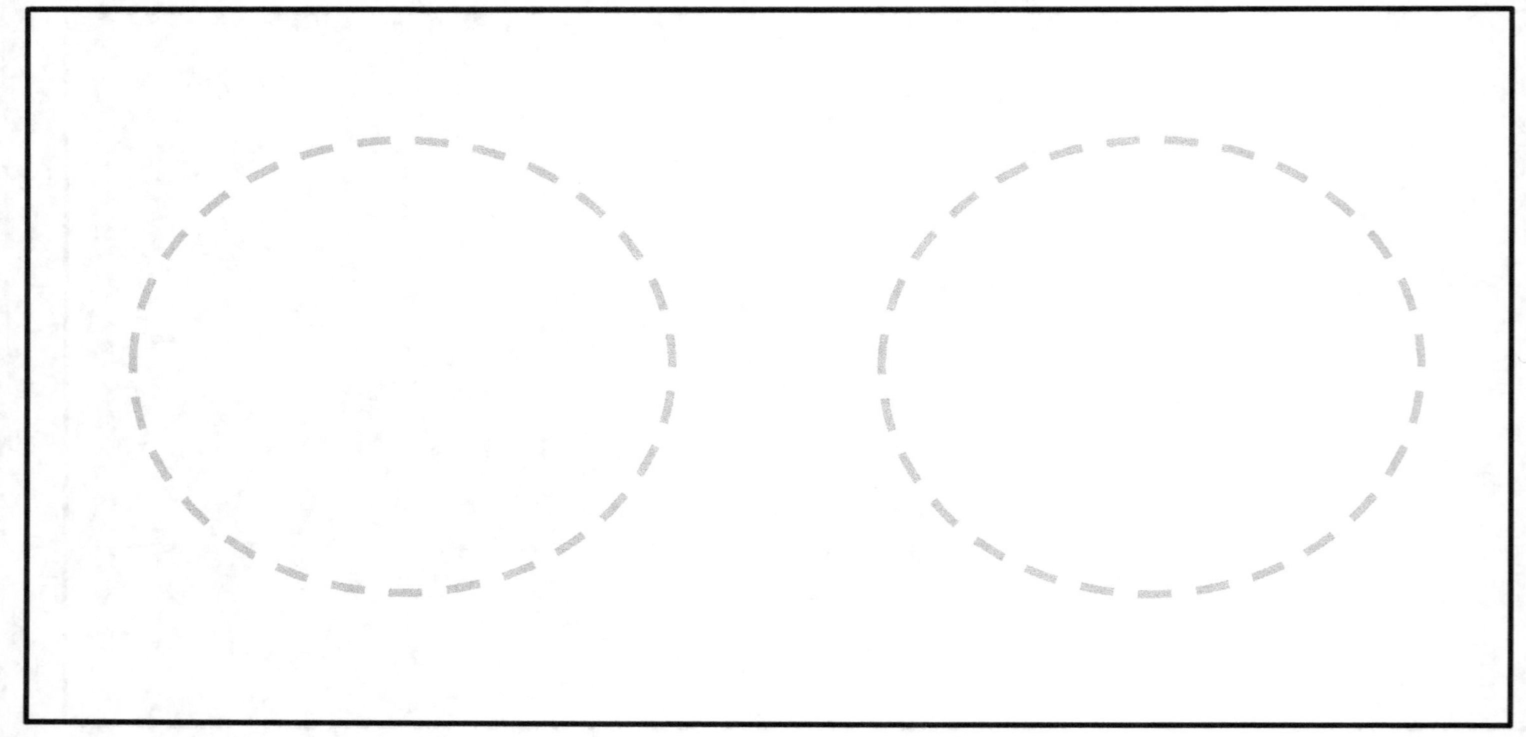

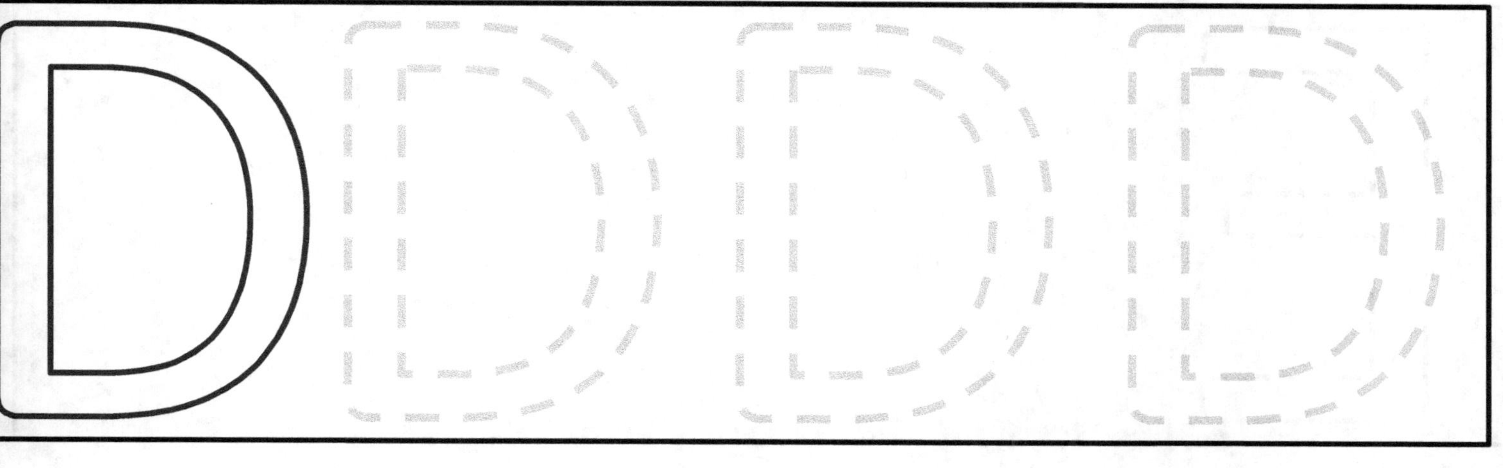

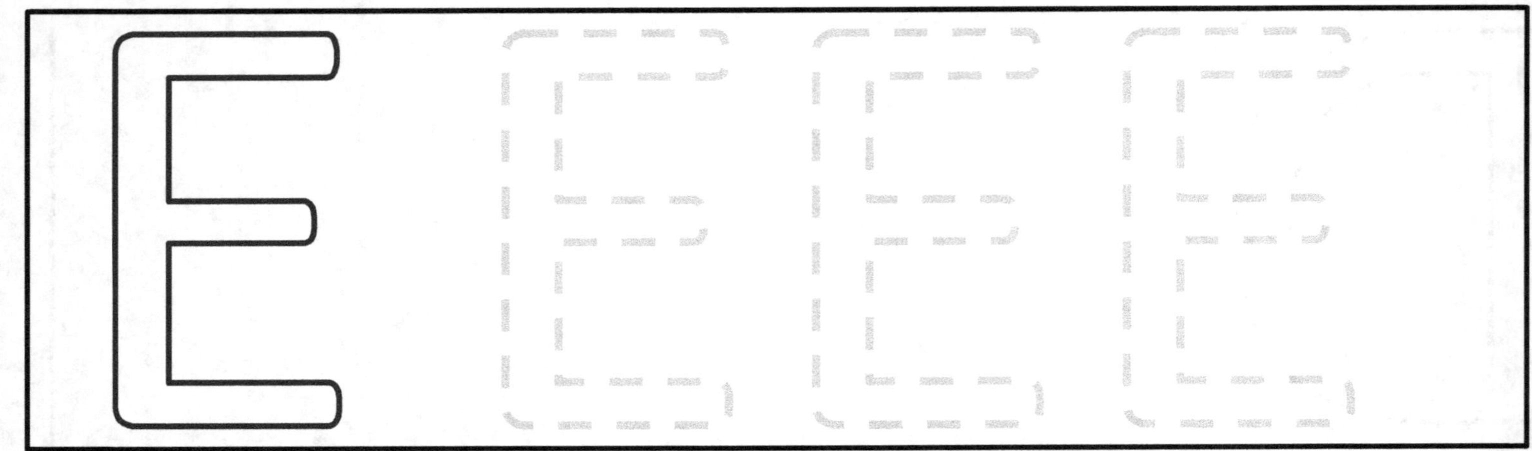

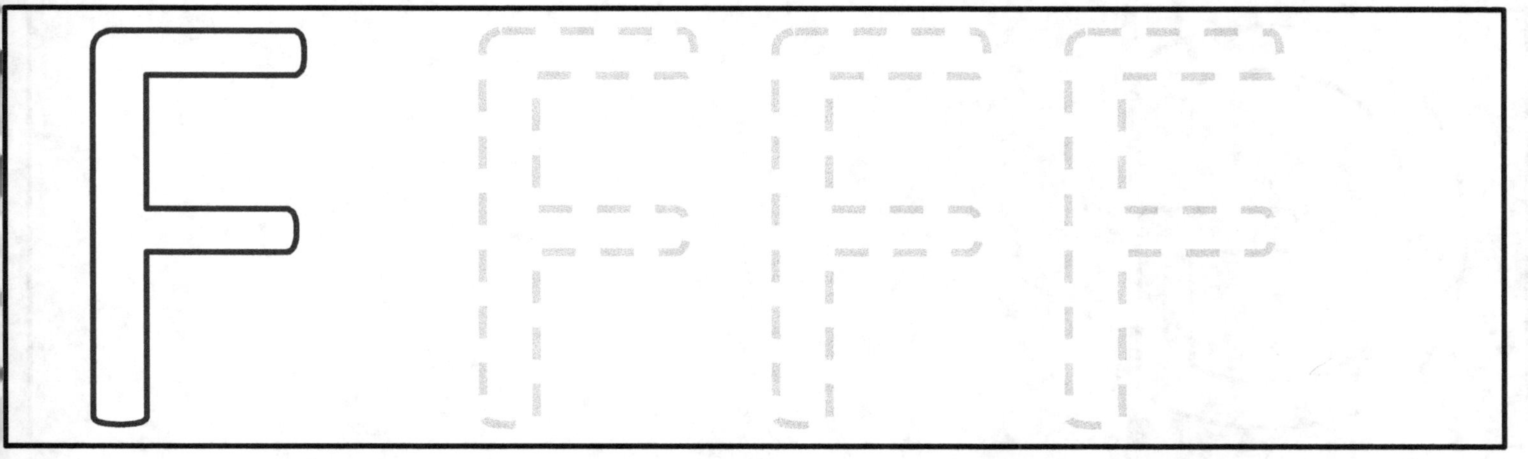

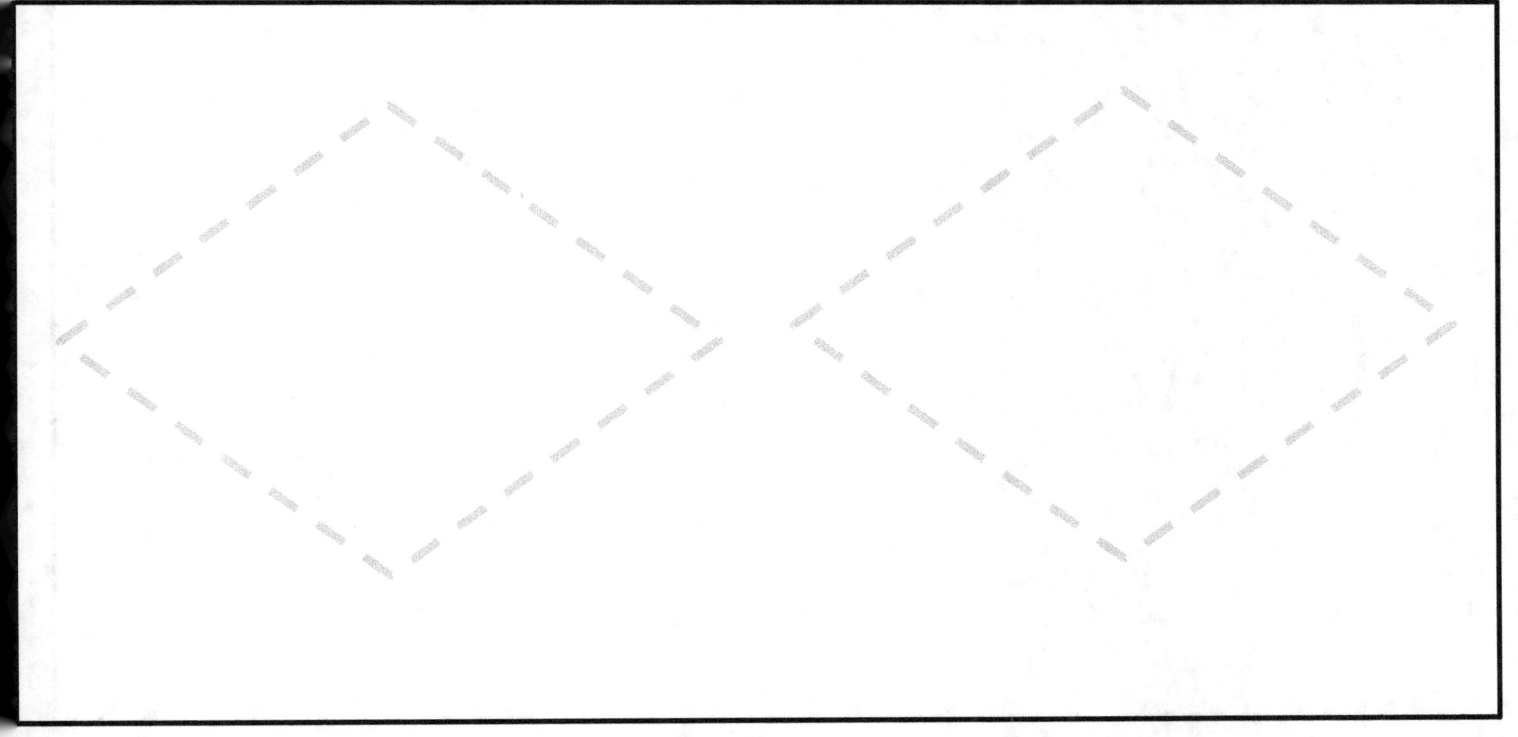

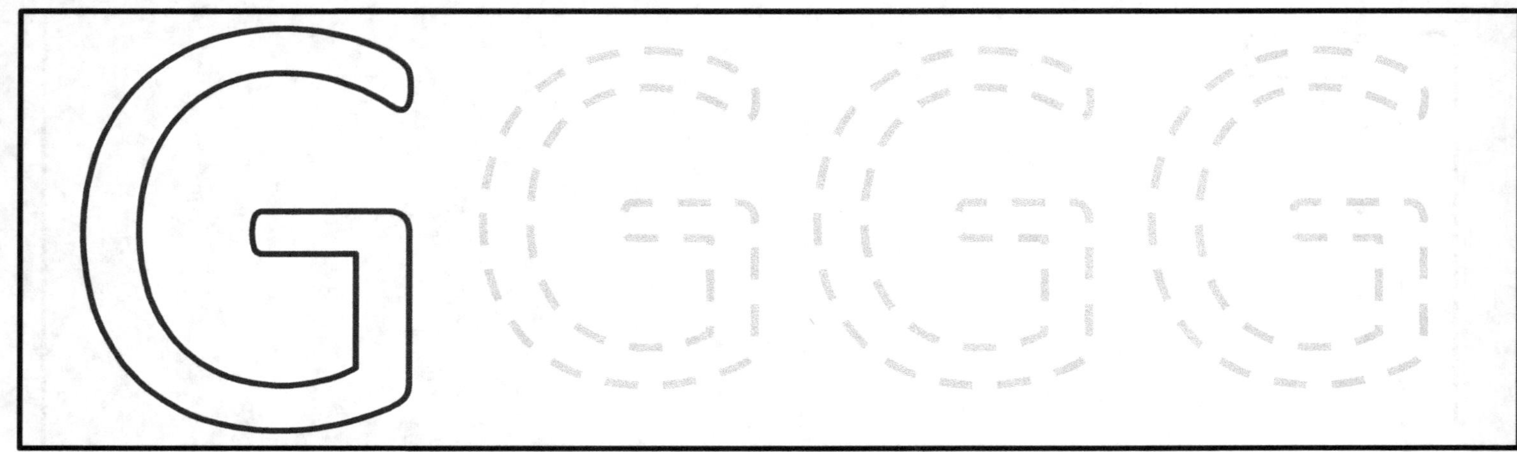

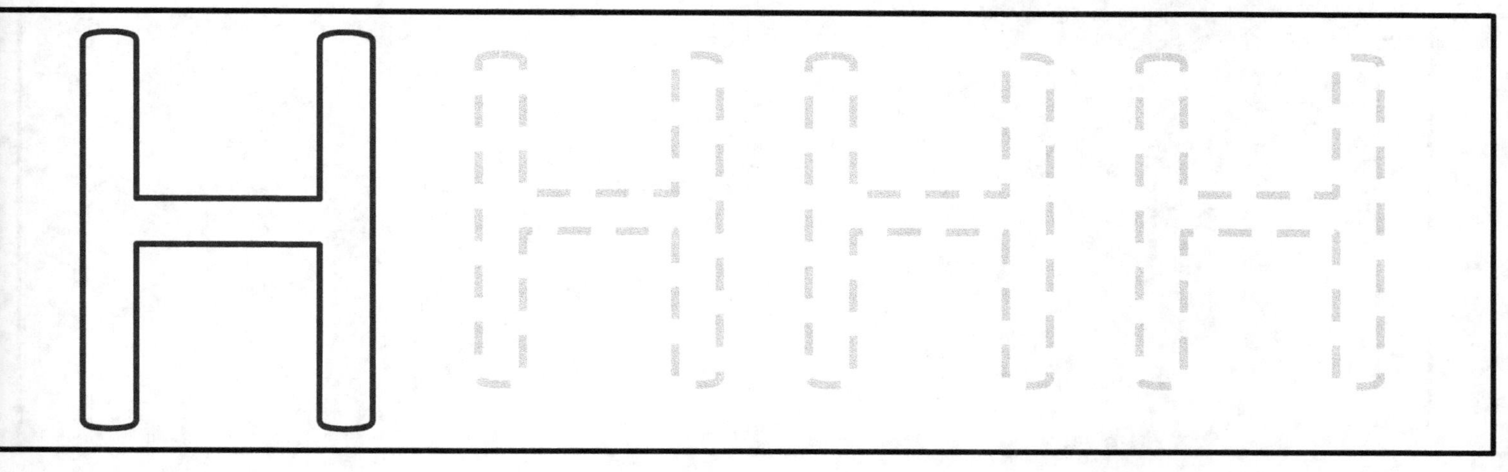

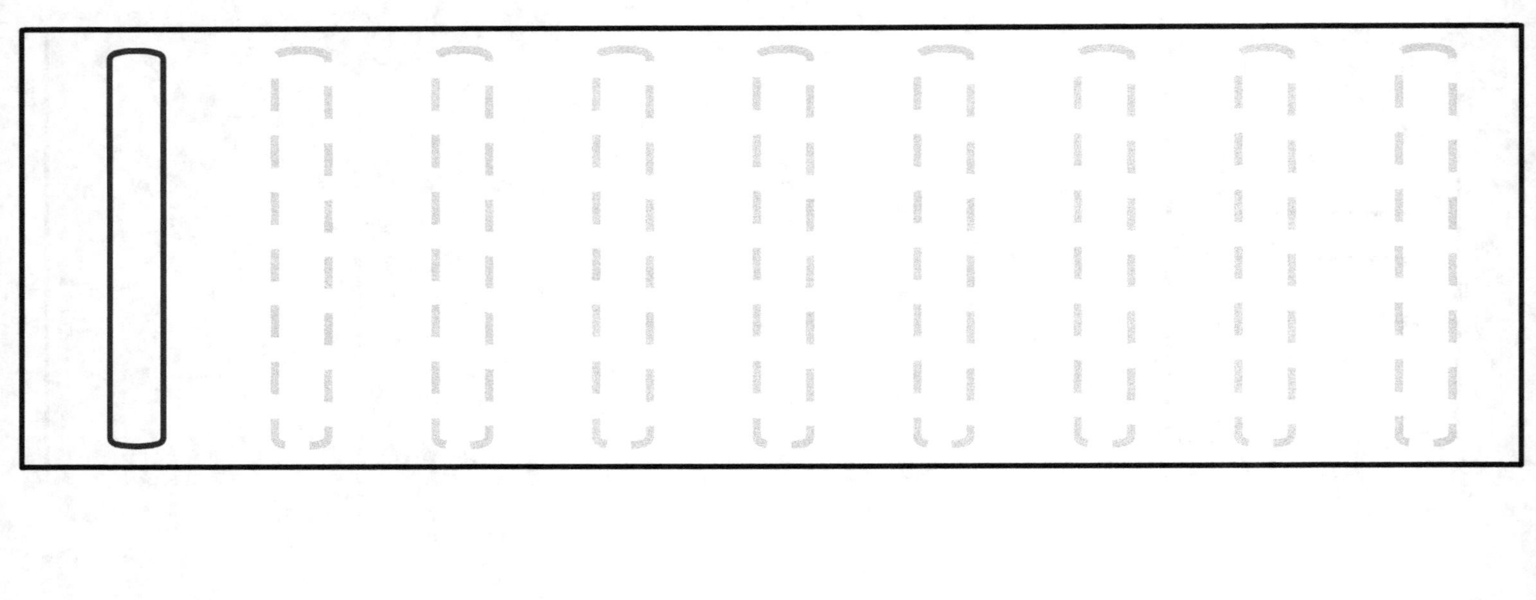

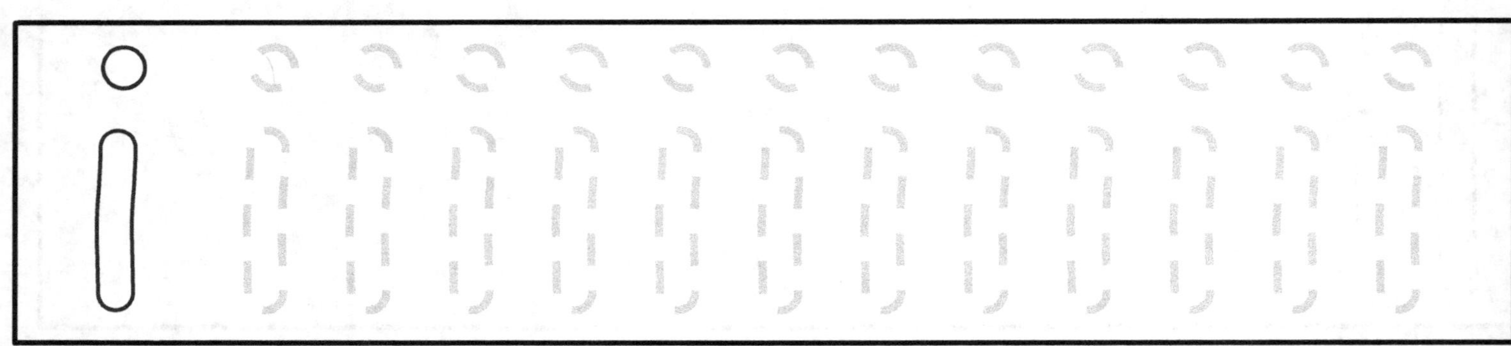

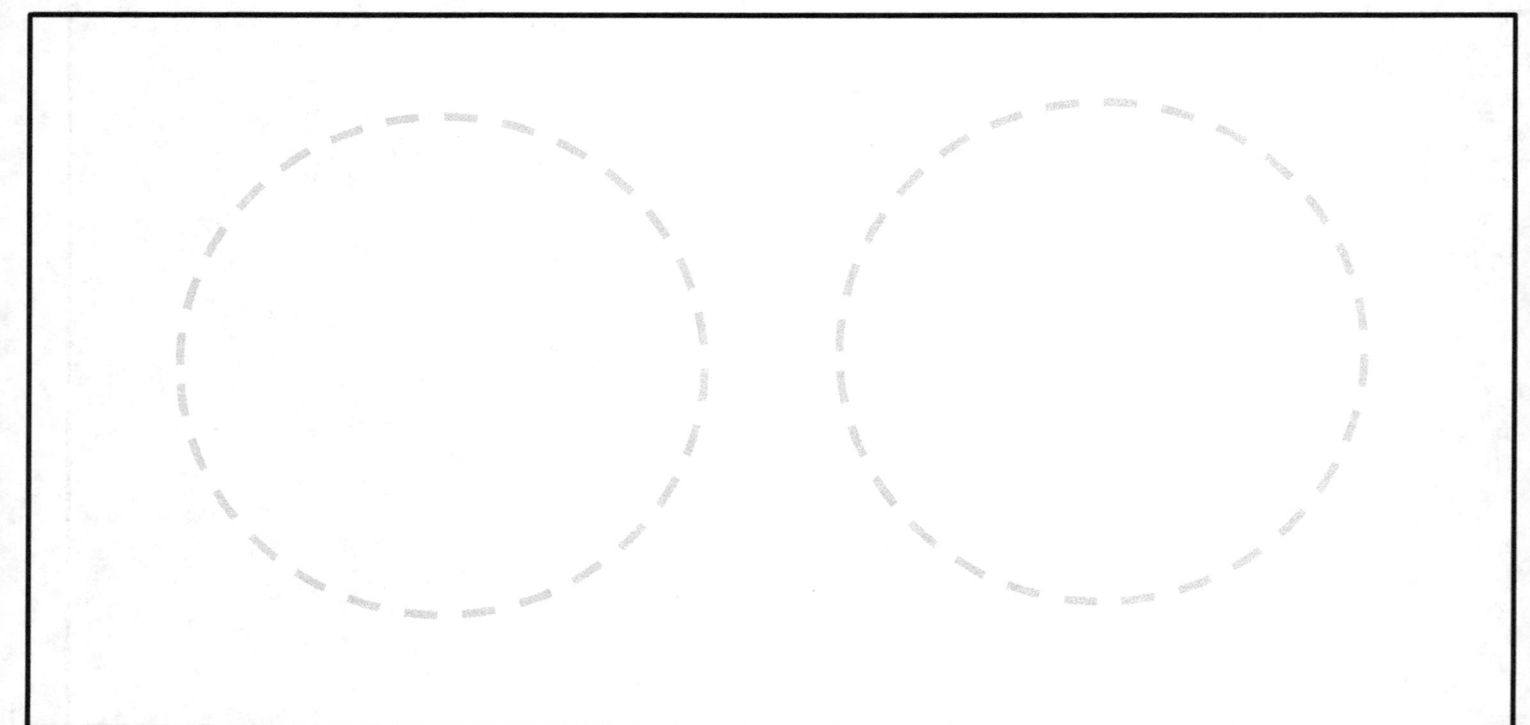

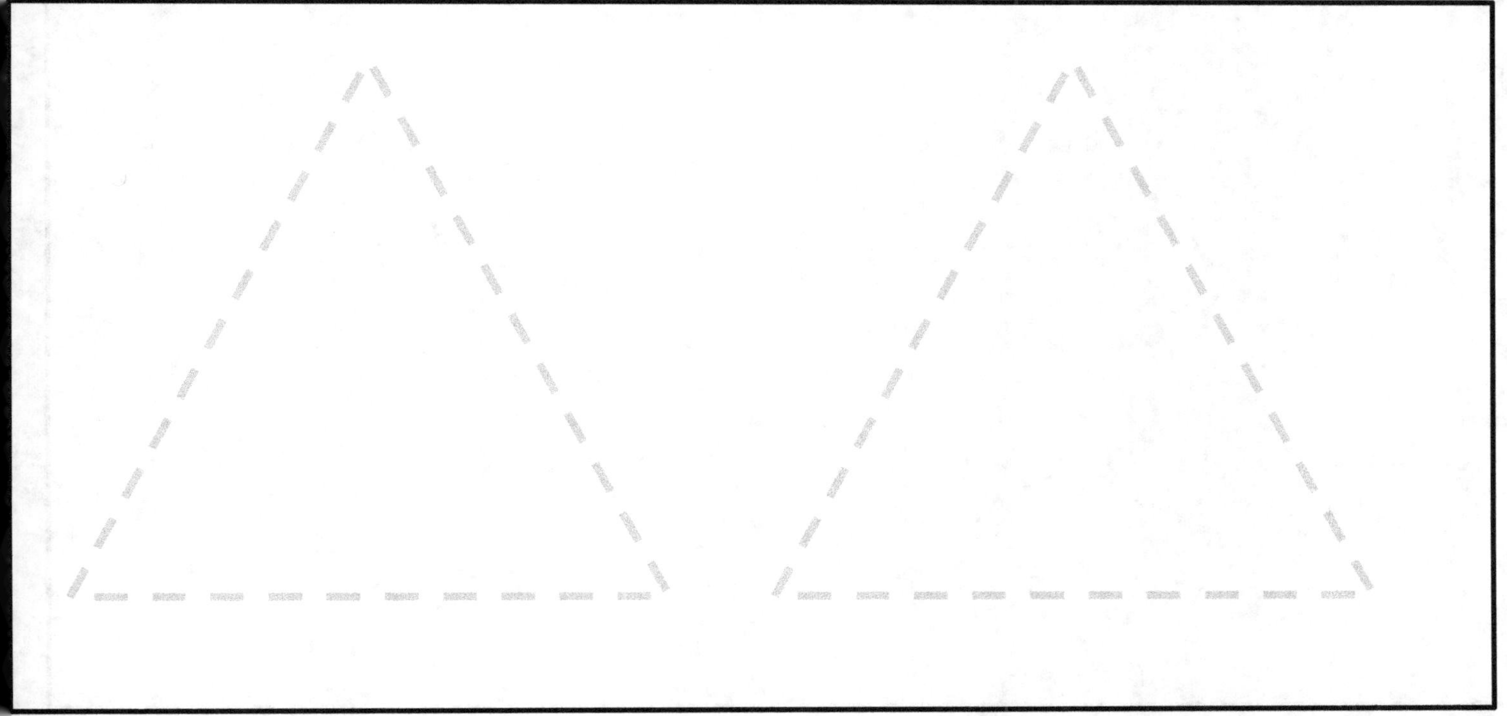

# K

# k

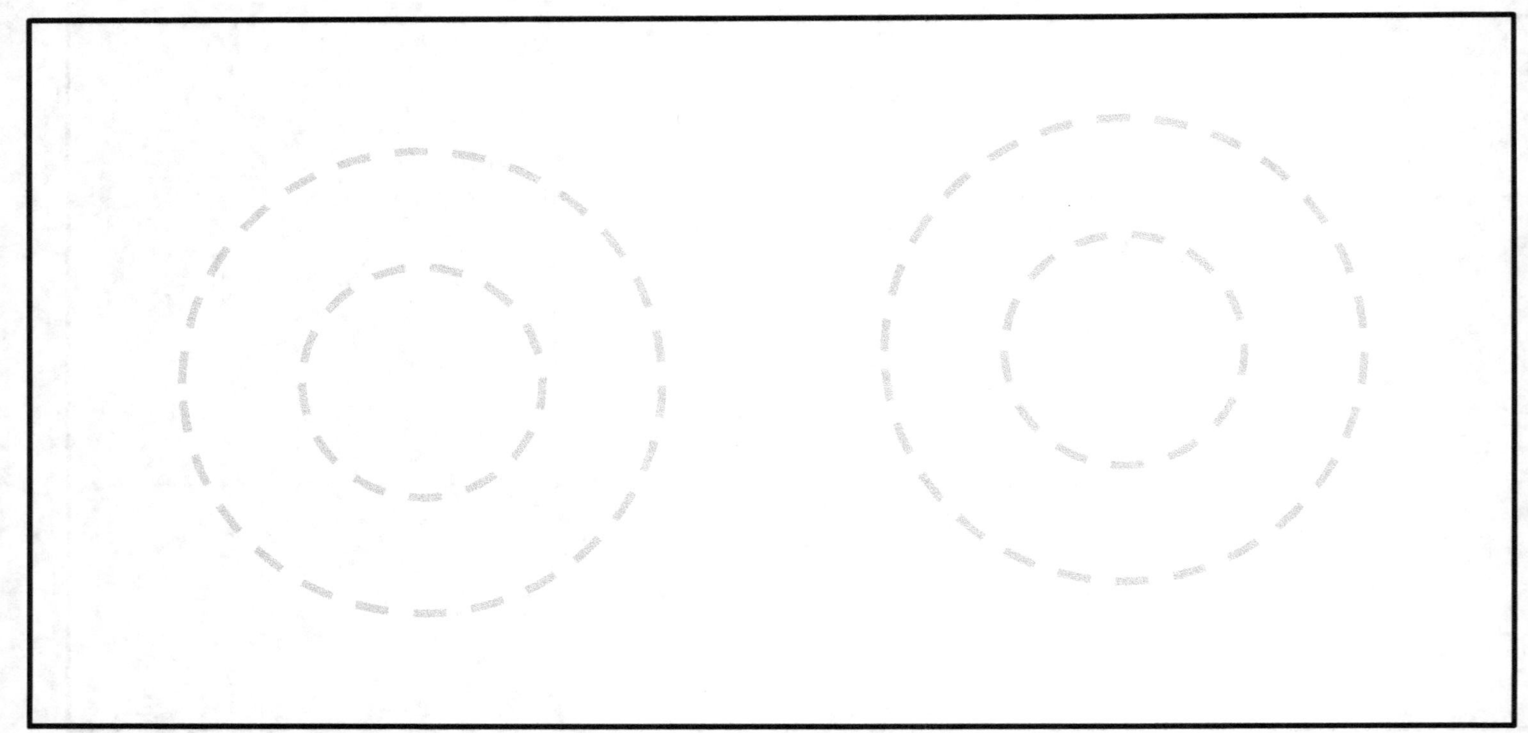

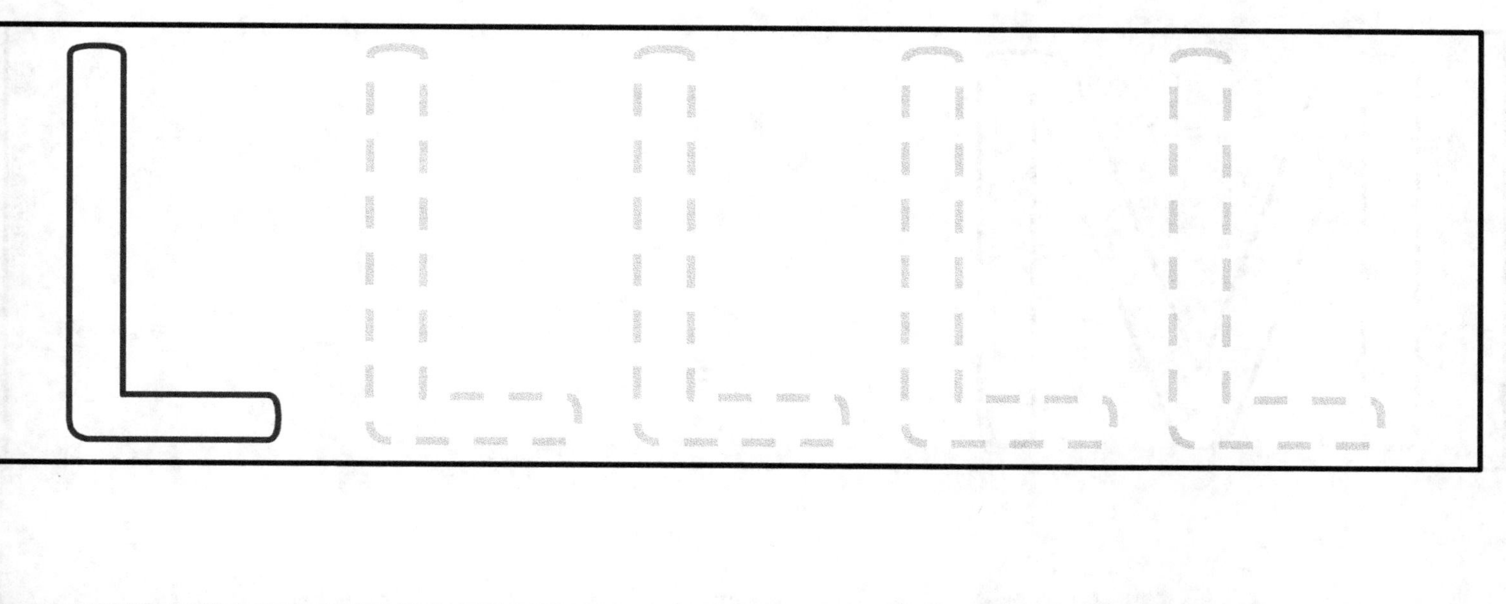

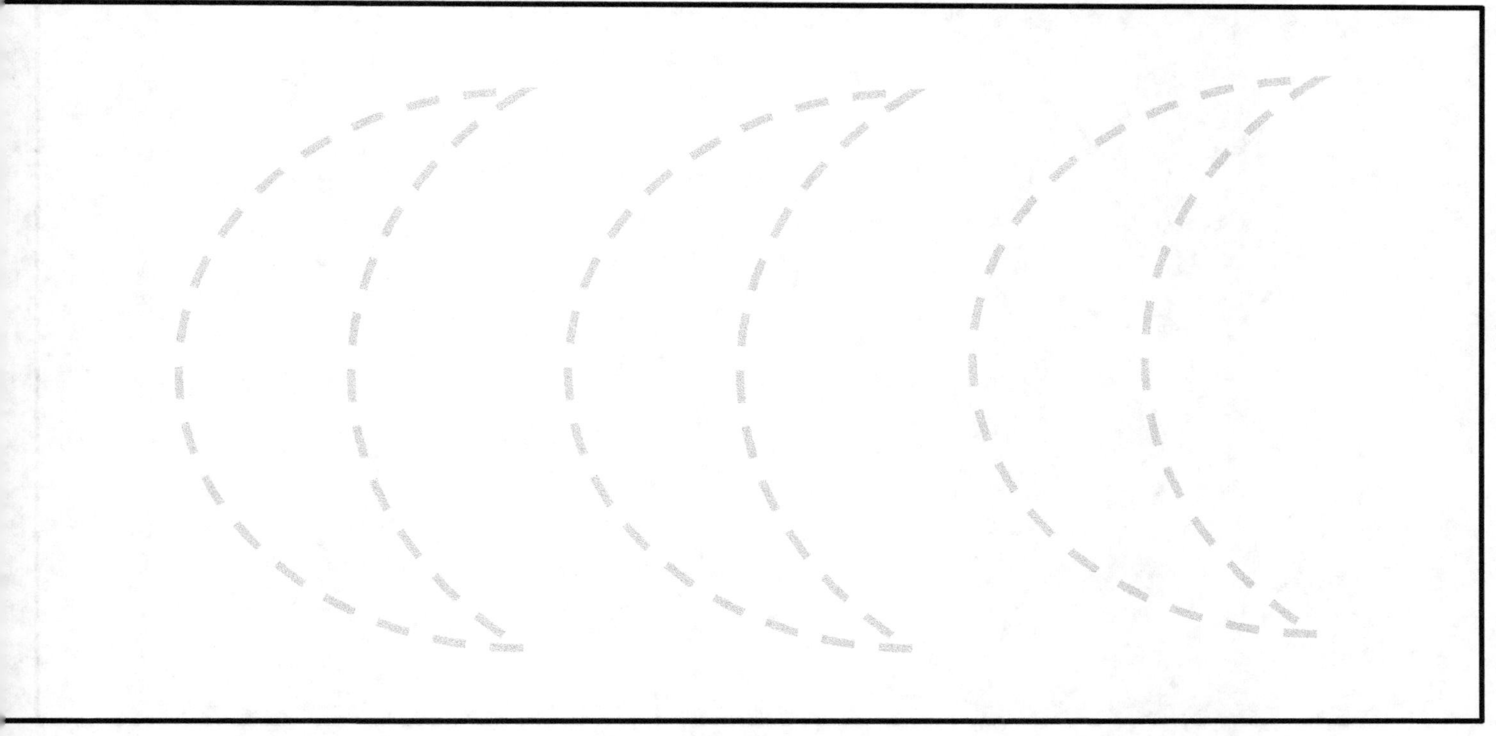

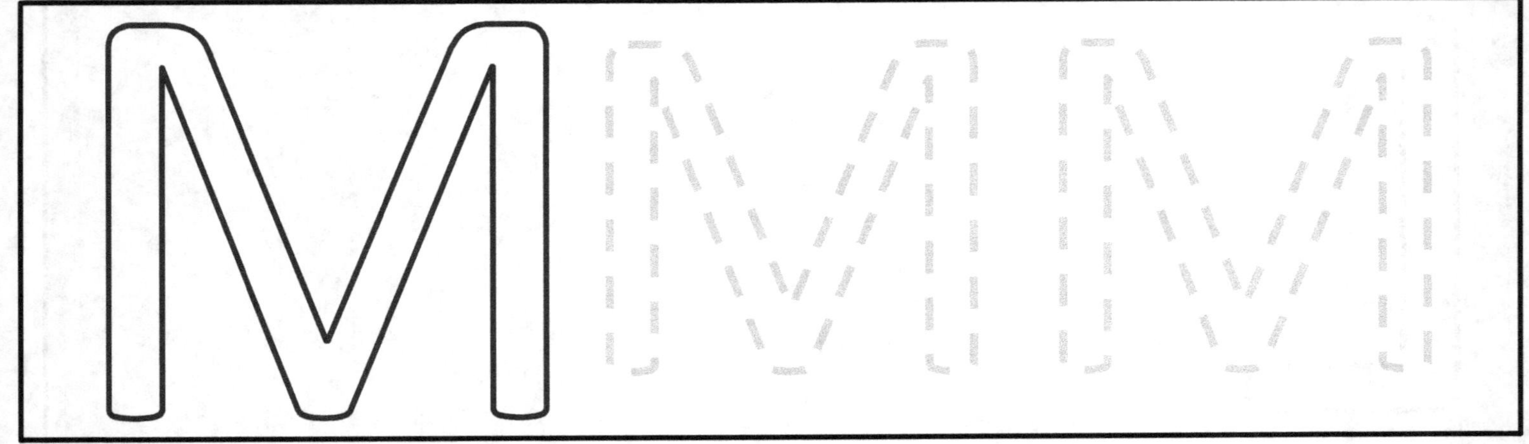

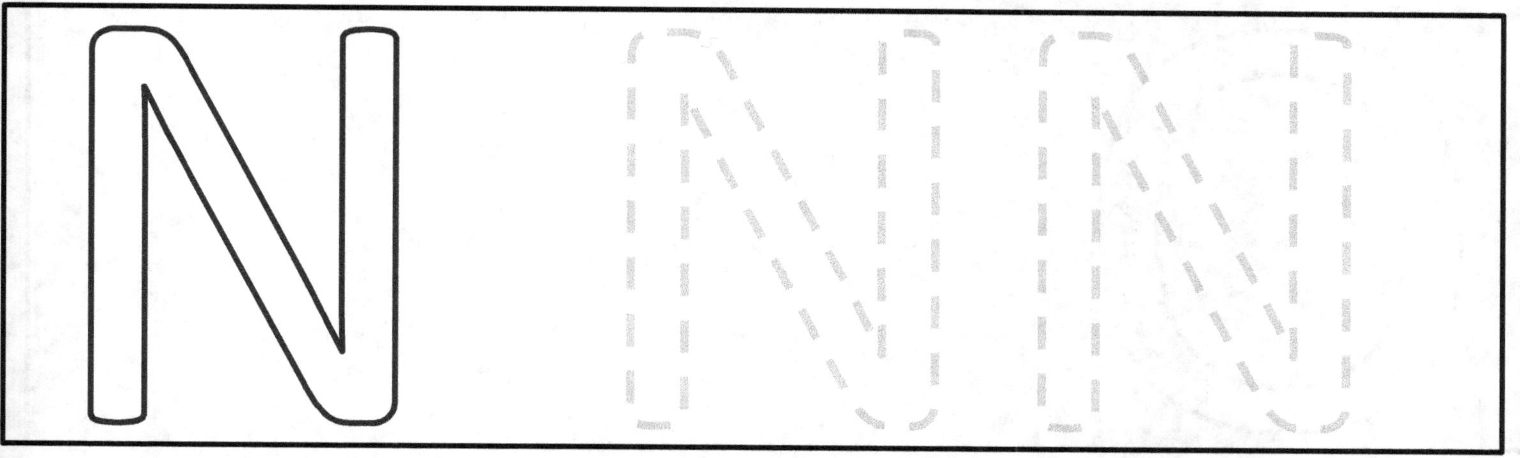

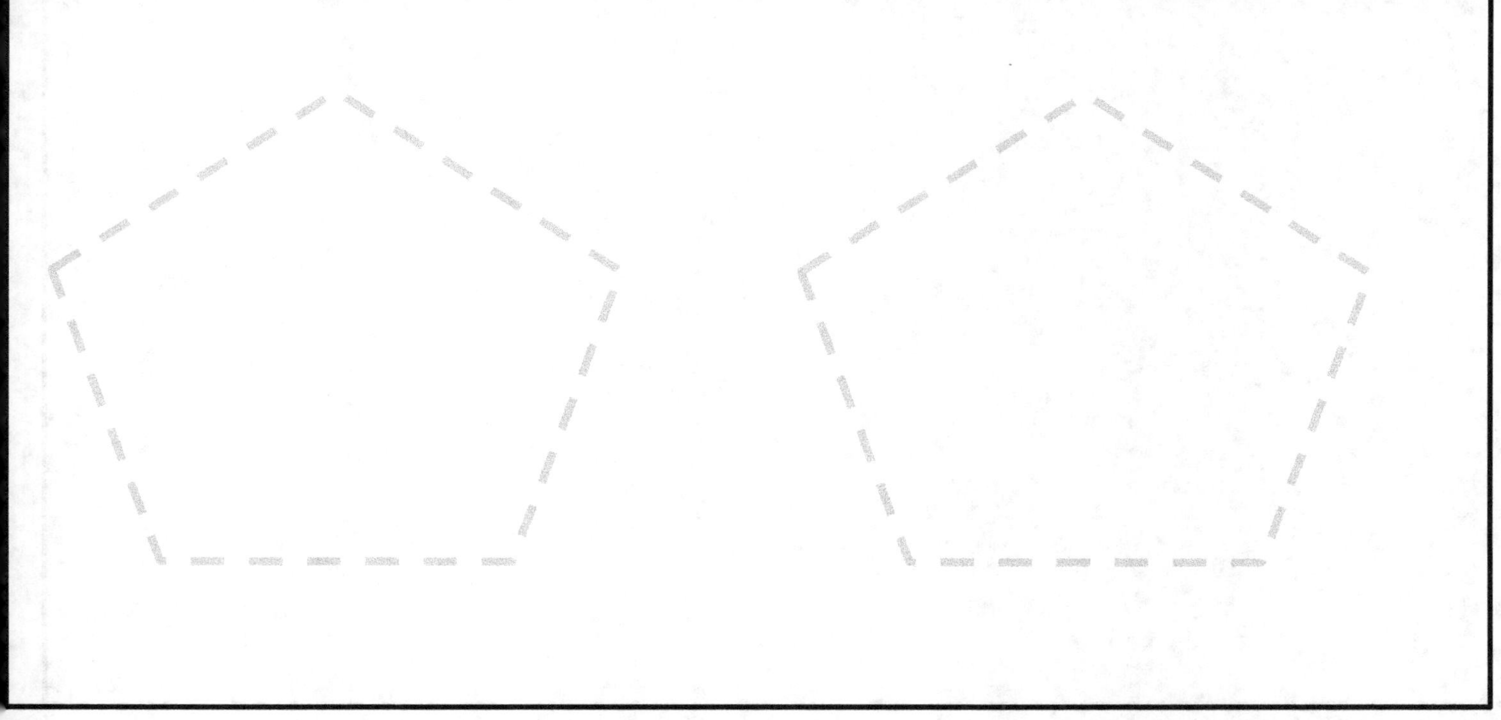

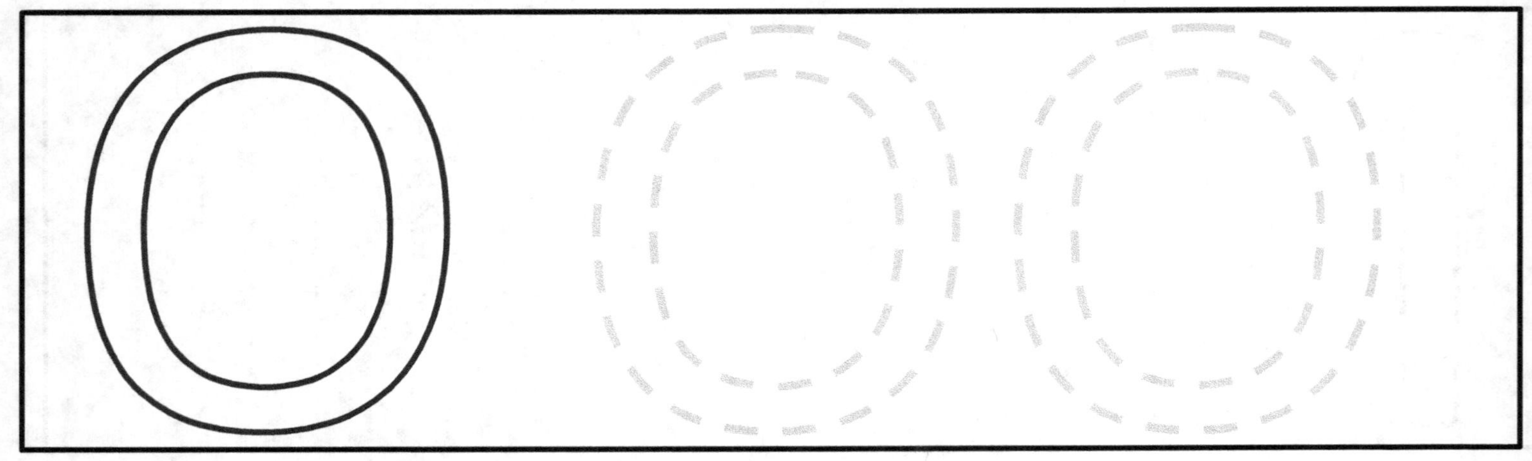

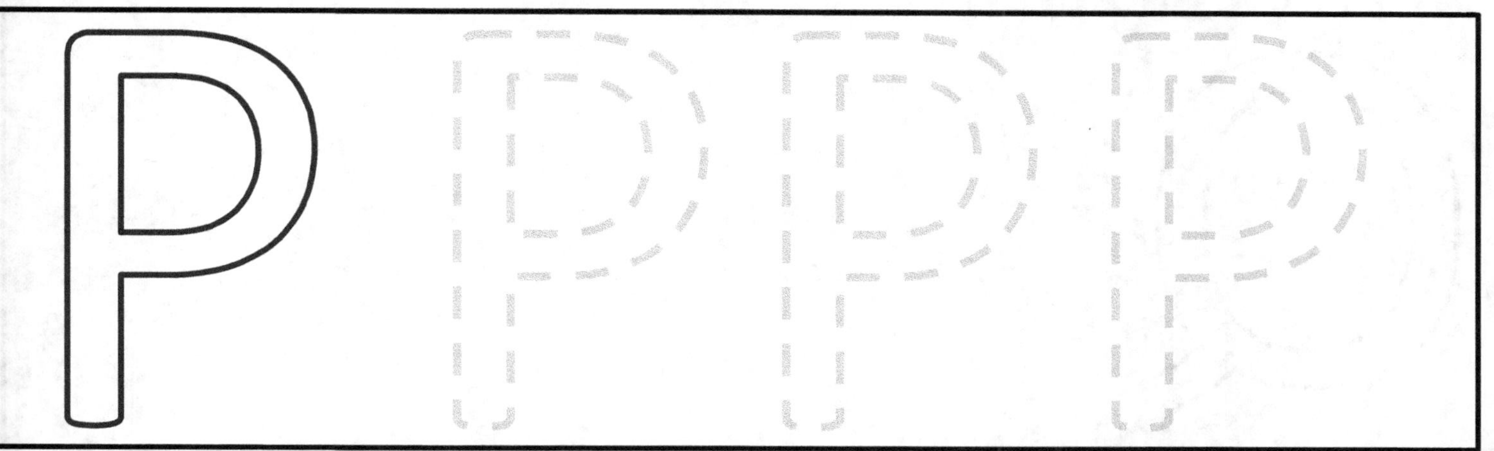

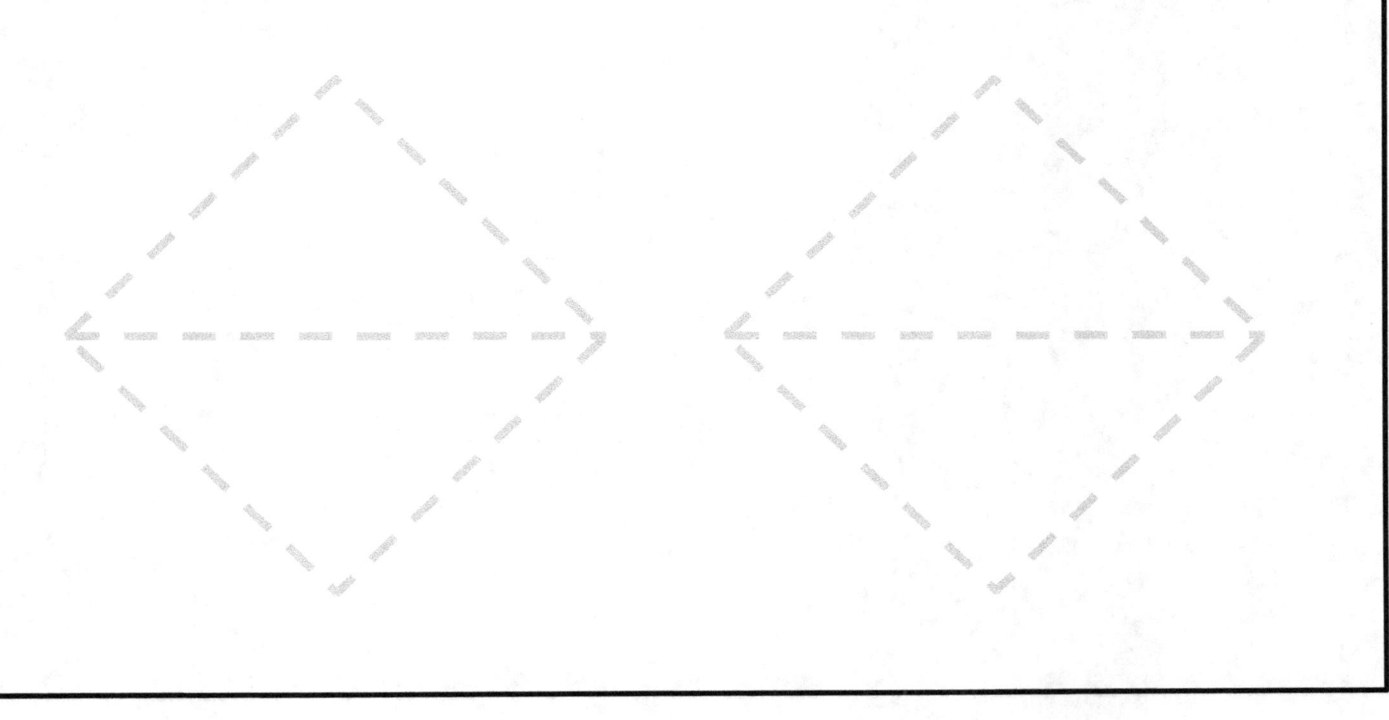

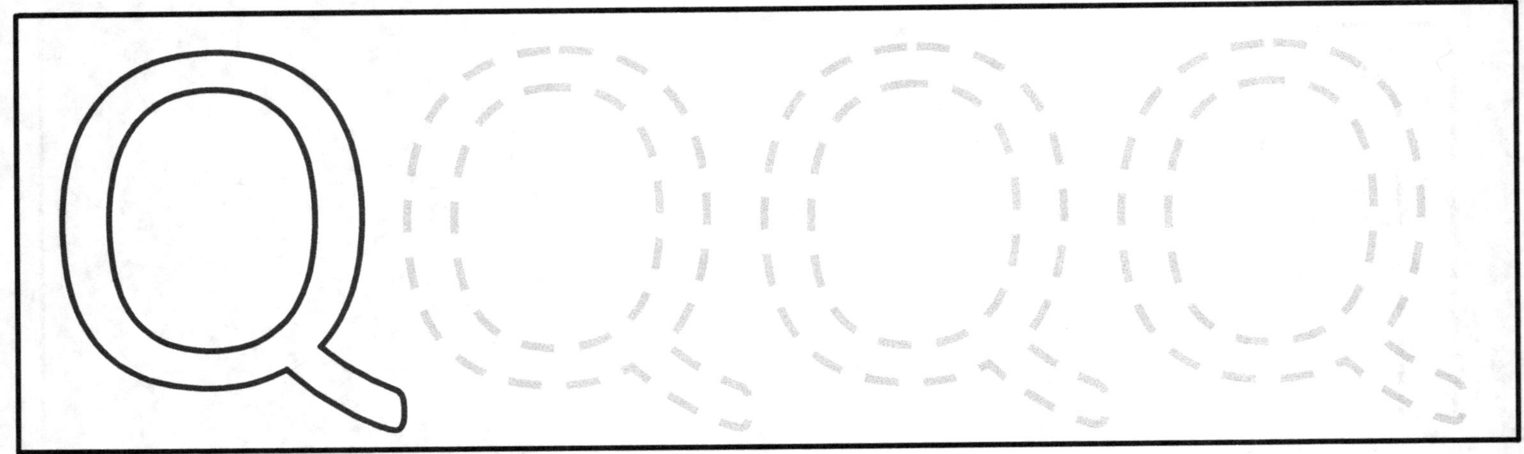

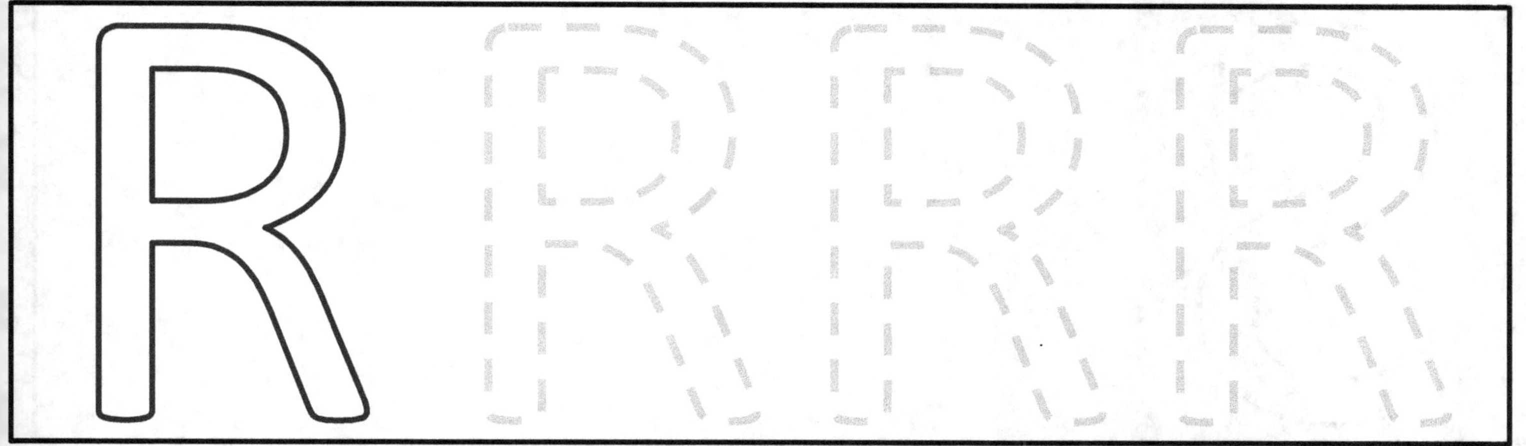

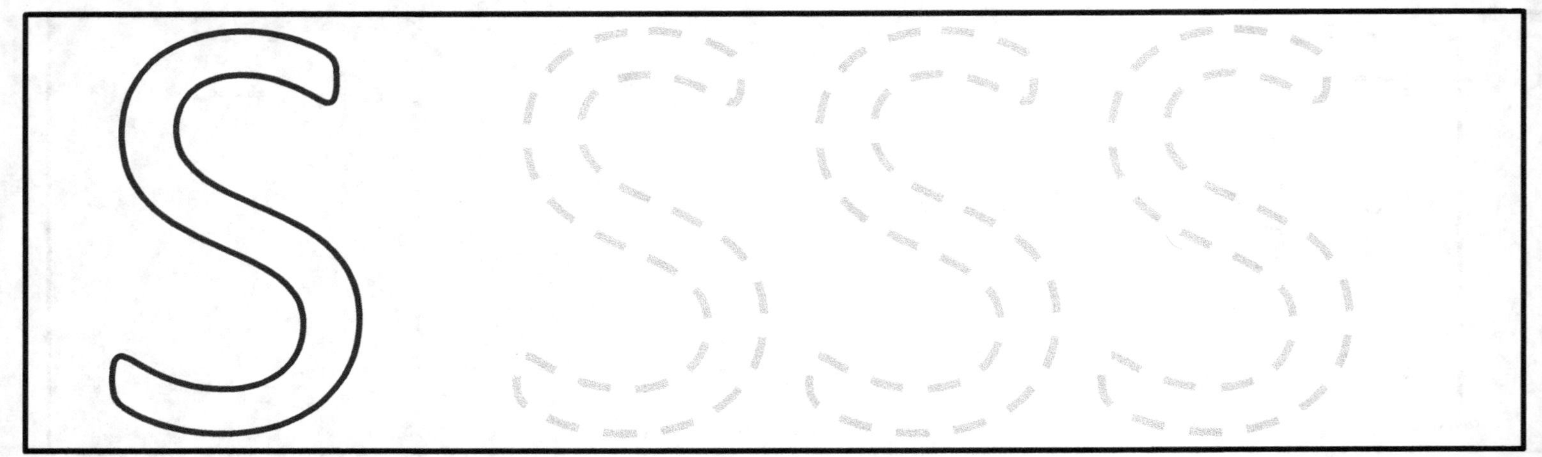

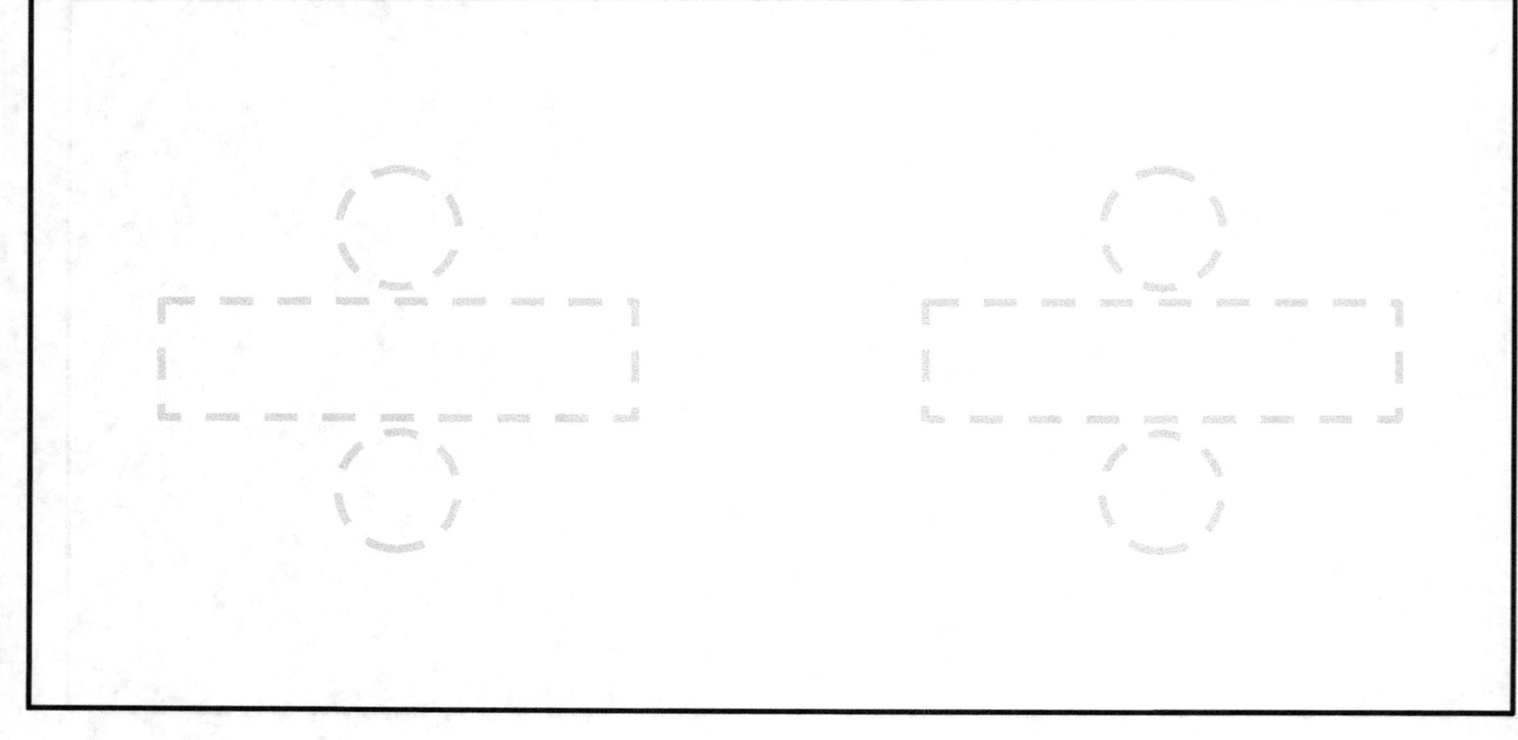

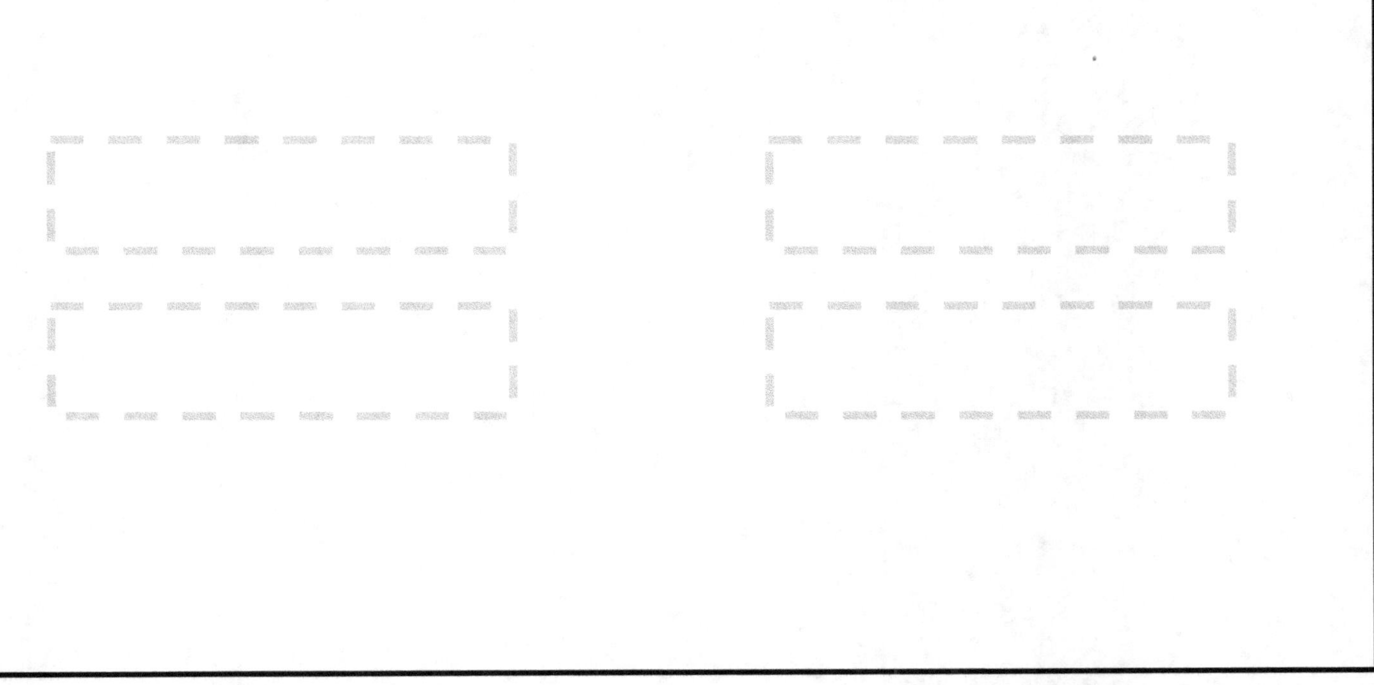

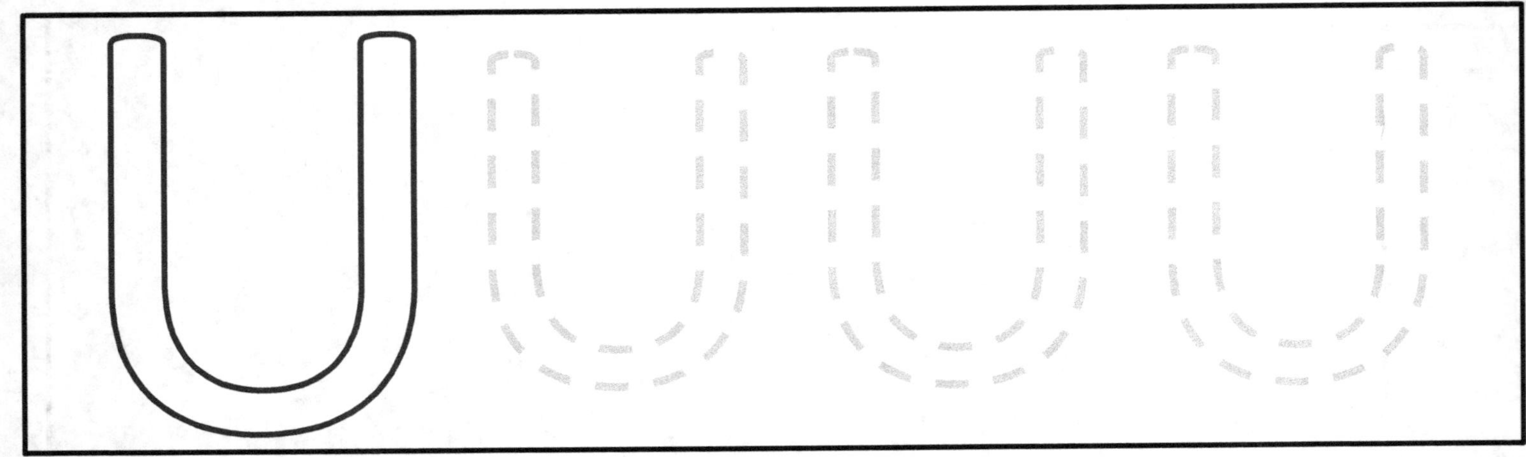

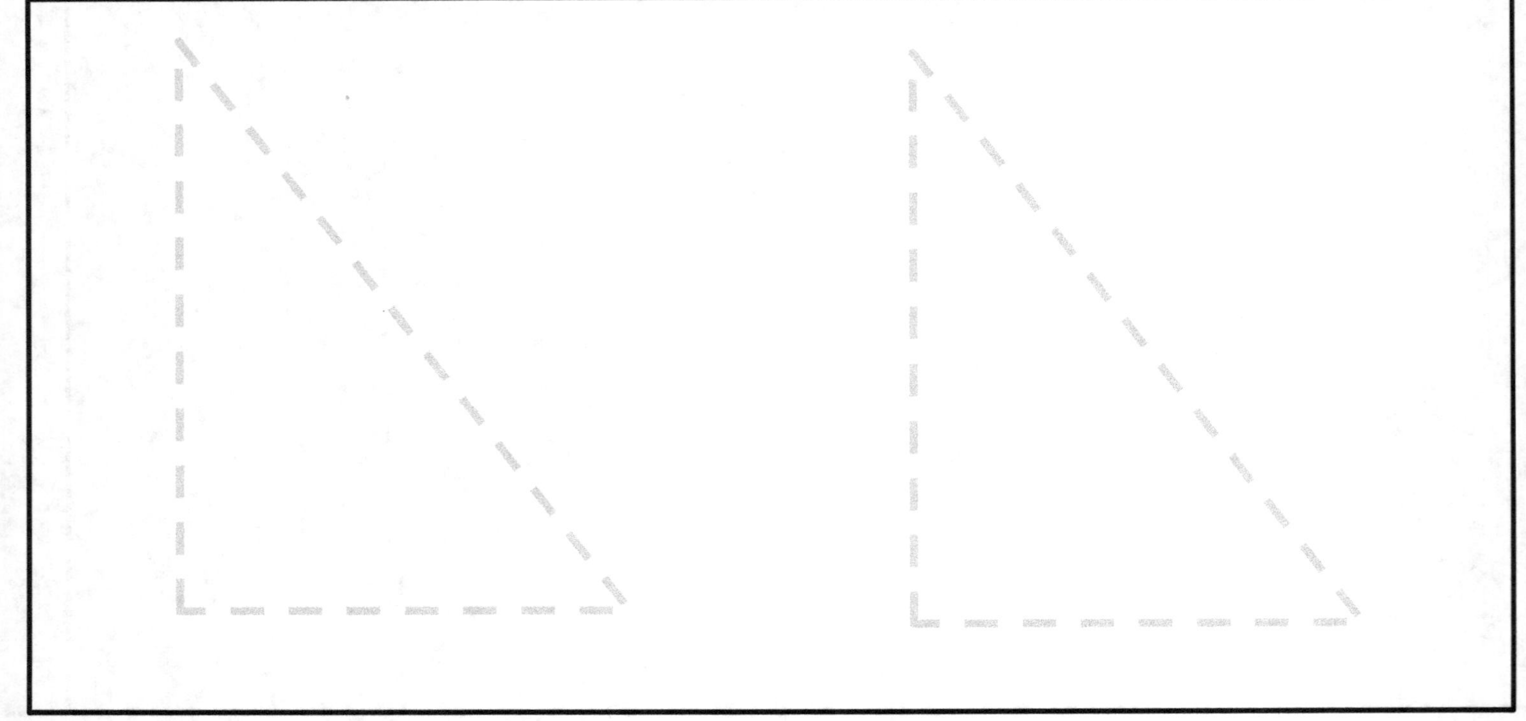

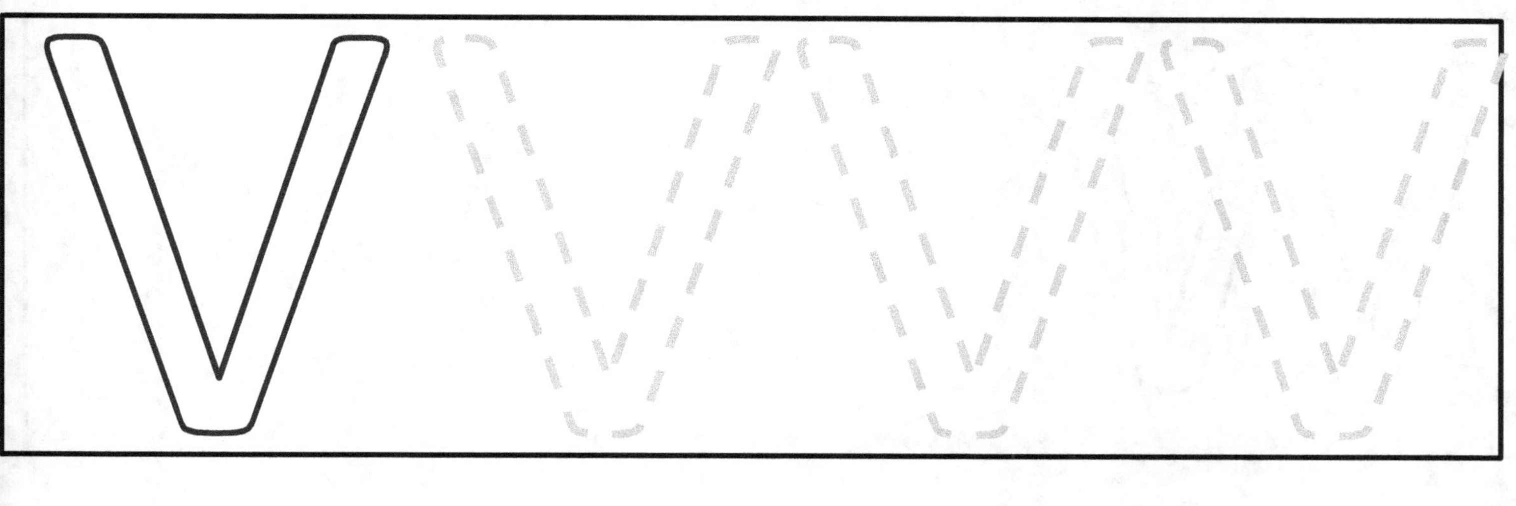

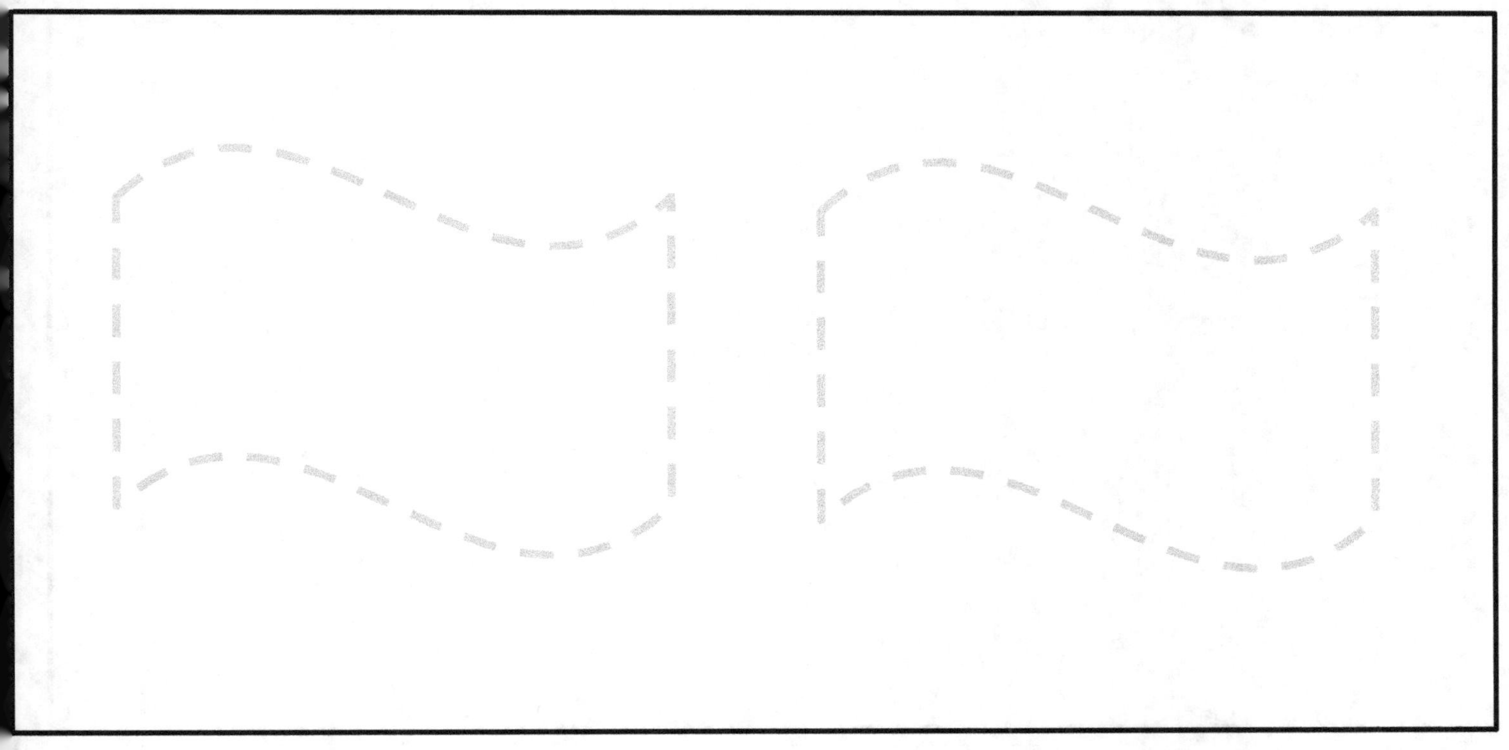

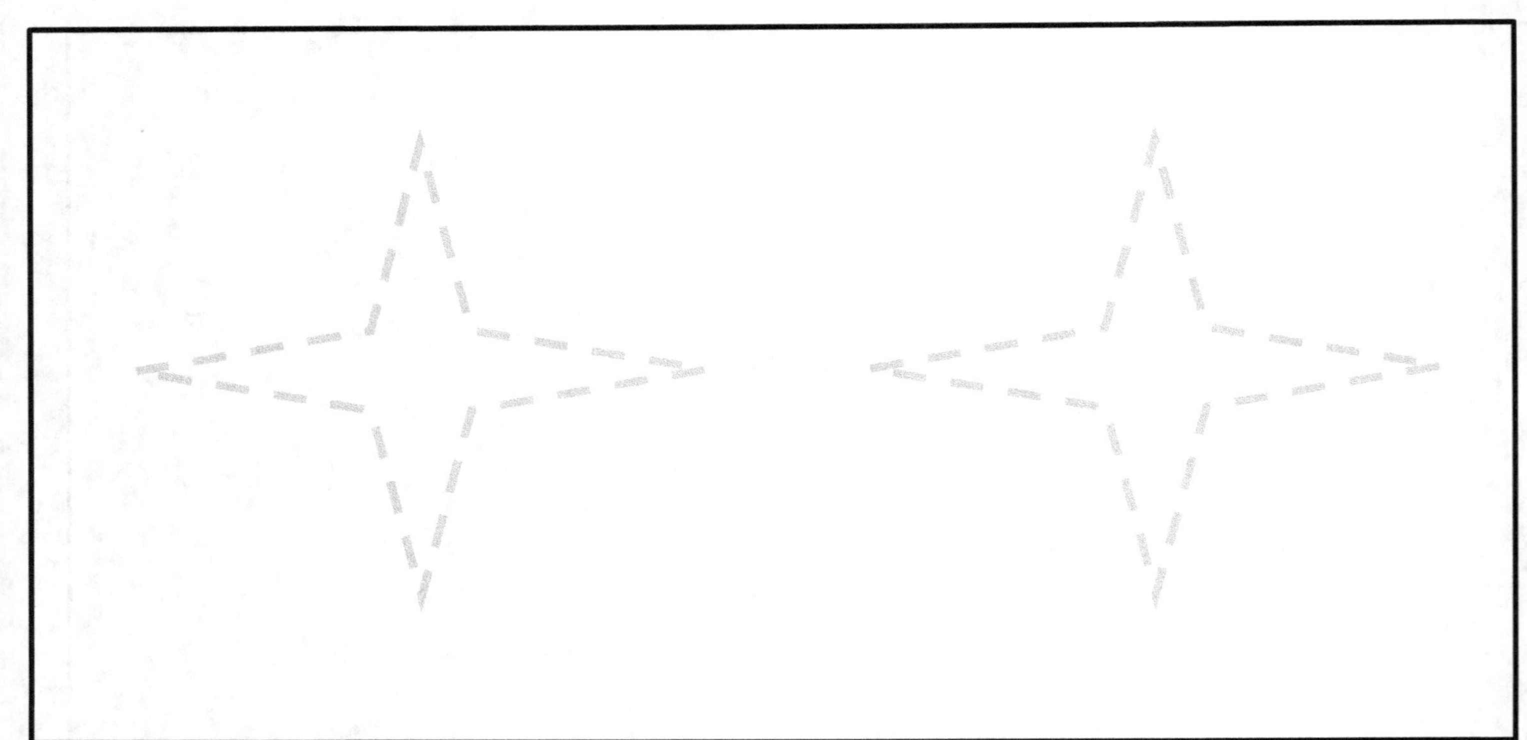

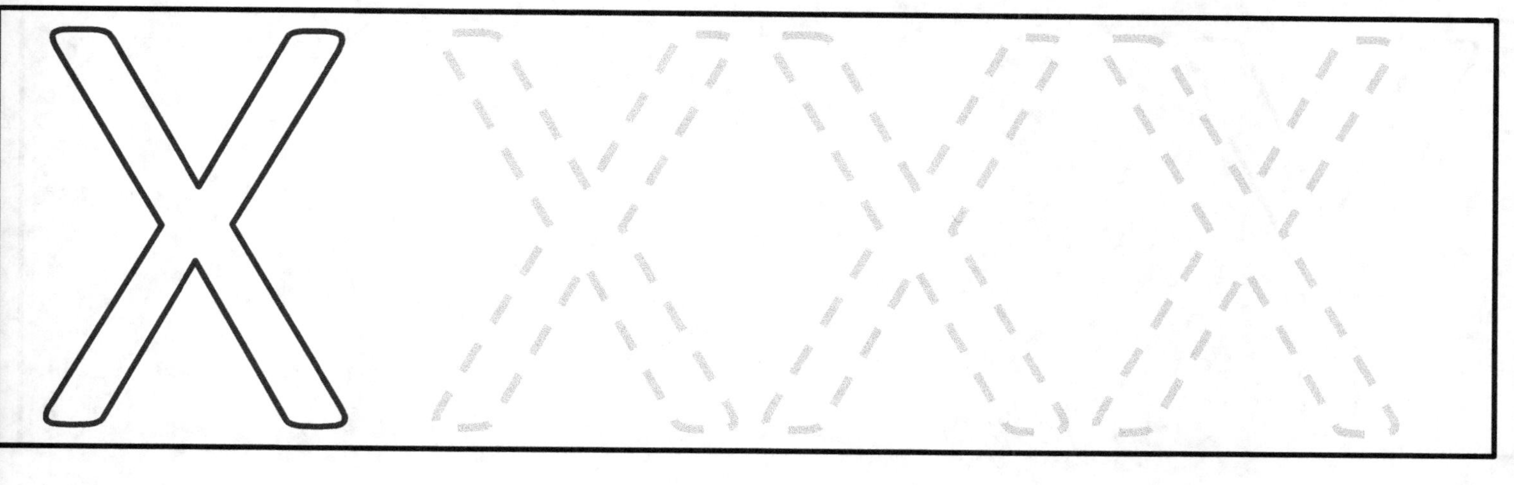

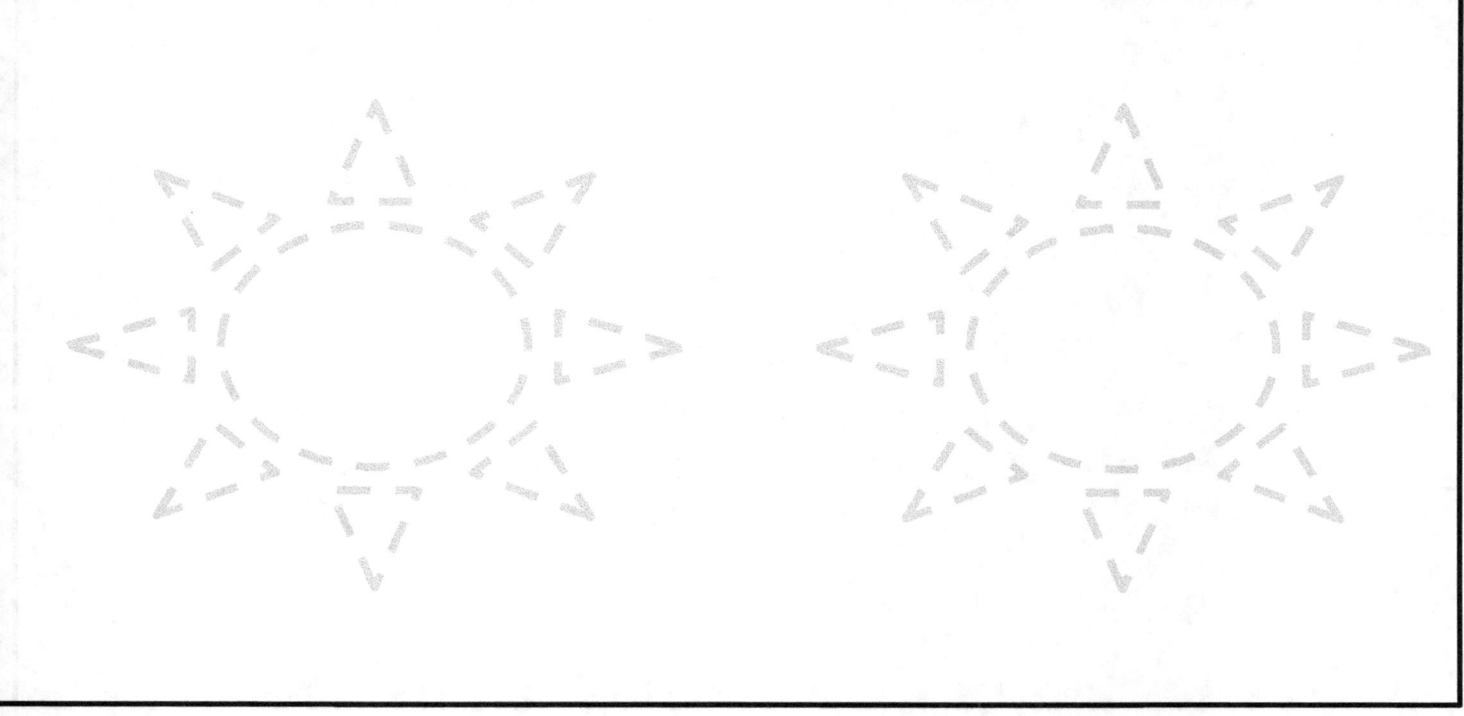

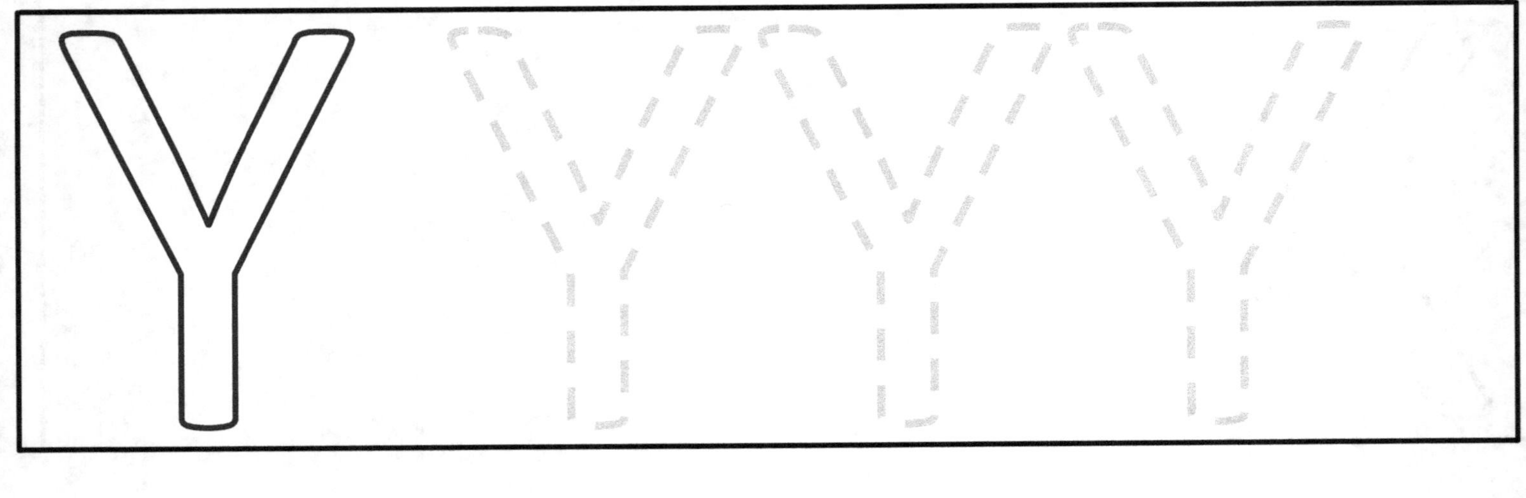

Z ZZZZ

z zzzzz

# PRTE 3

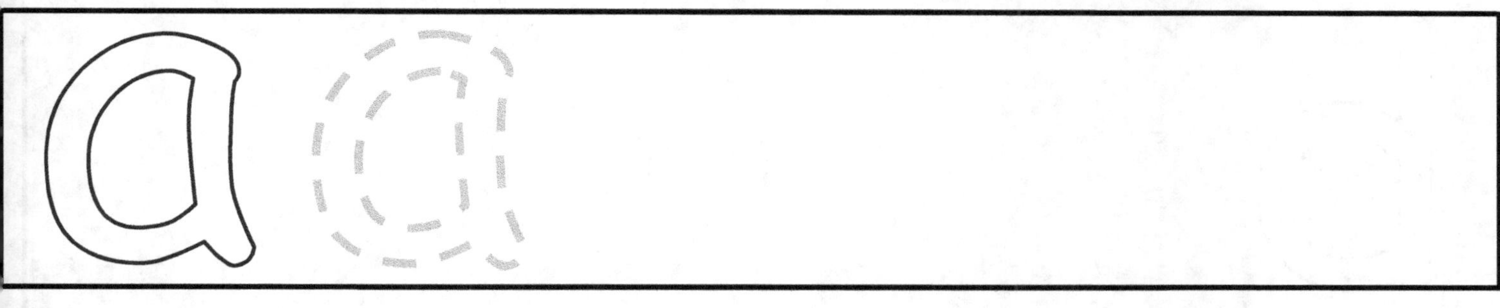

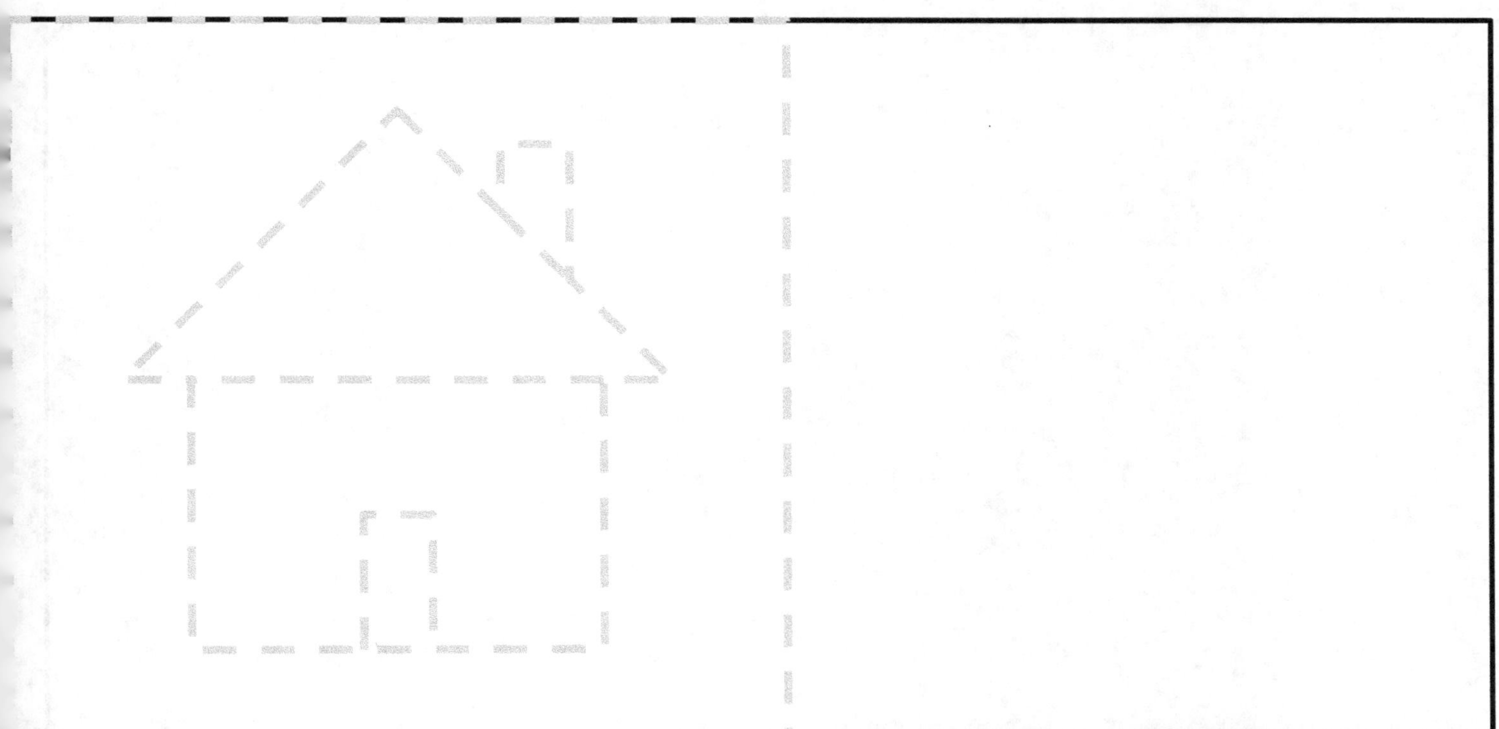

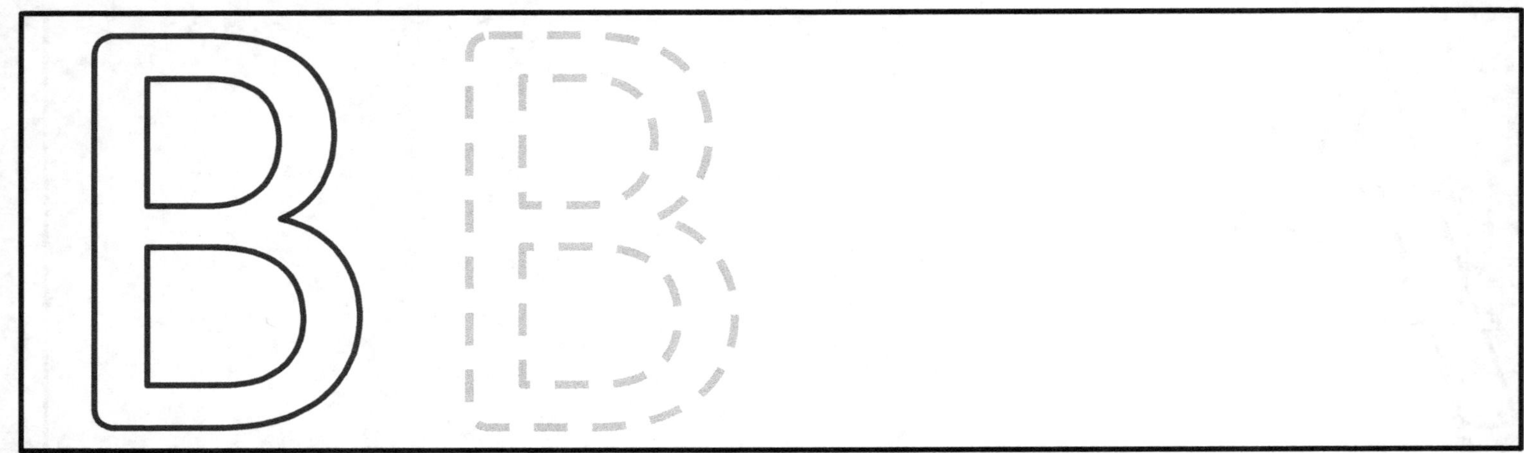

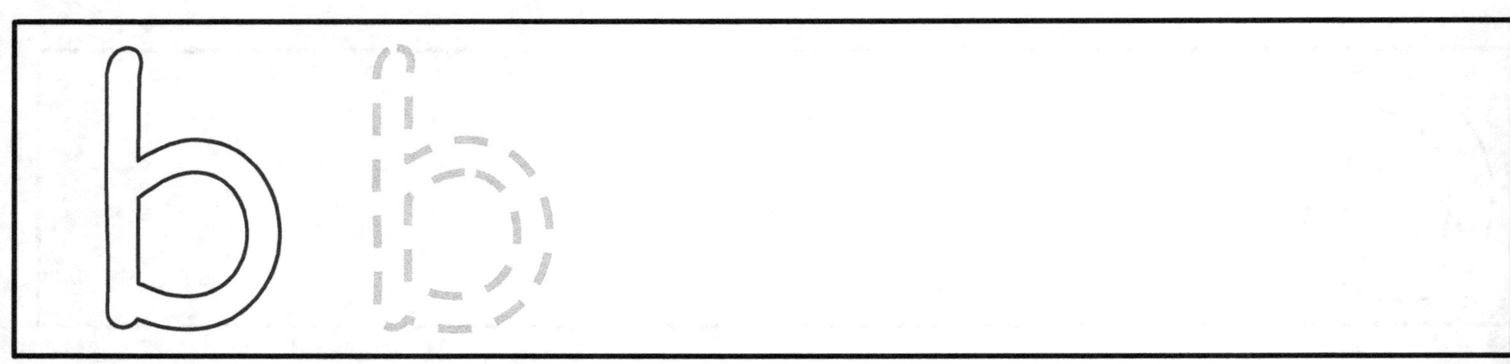

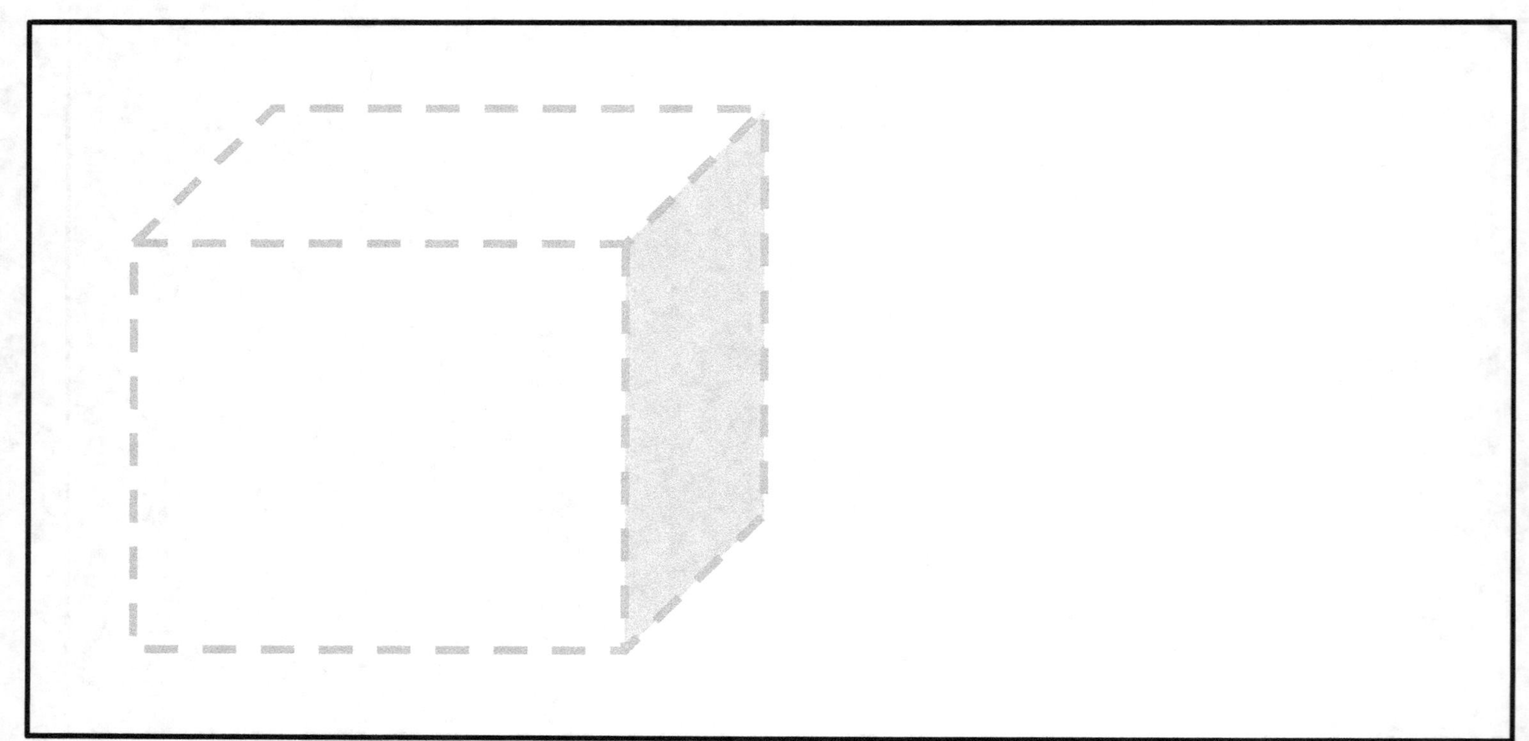

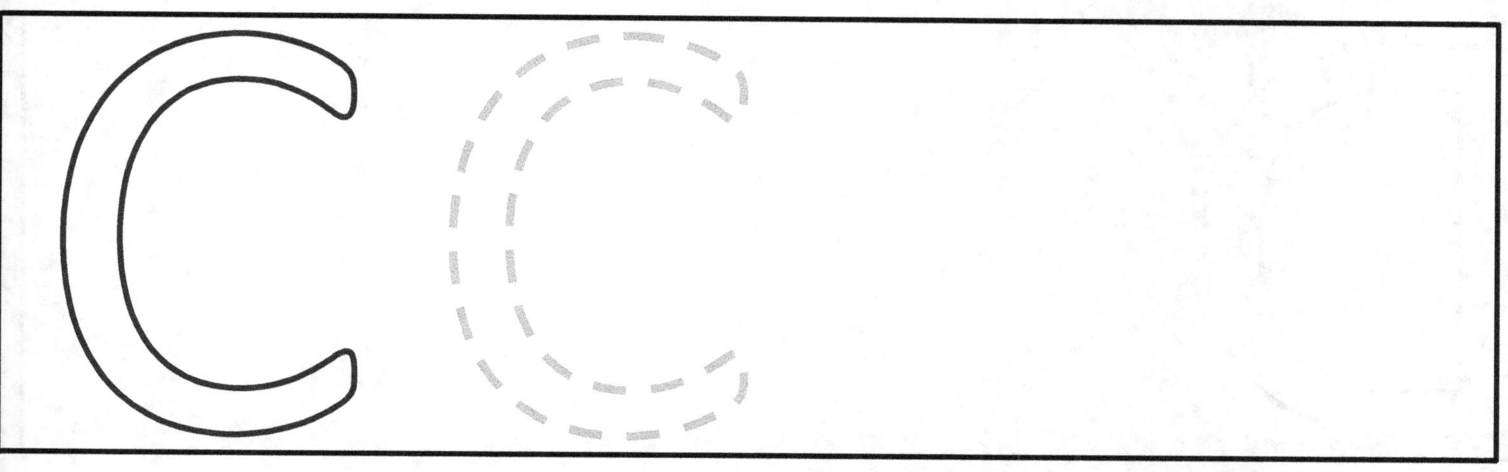

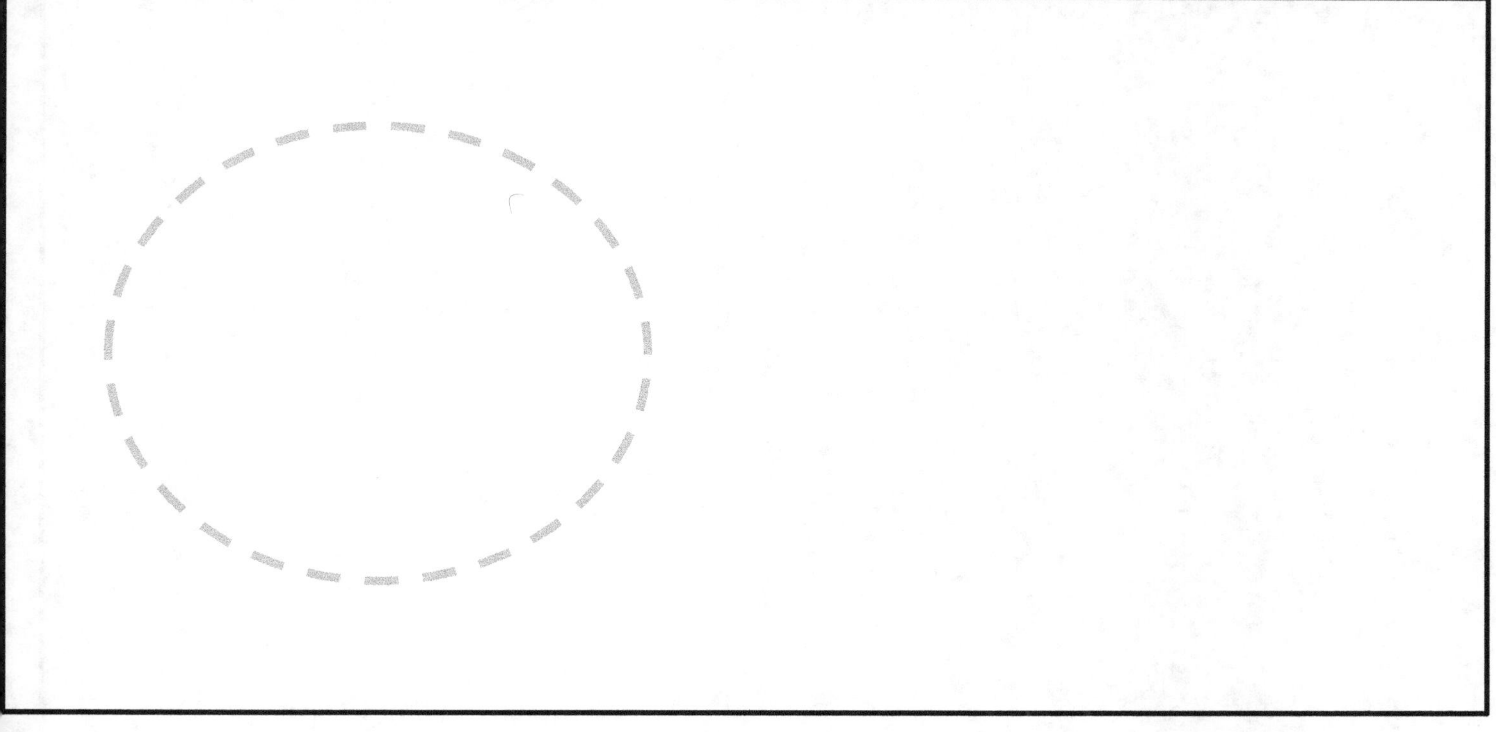

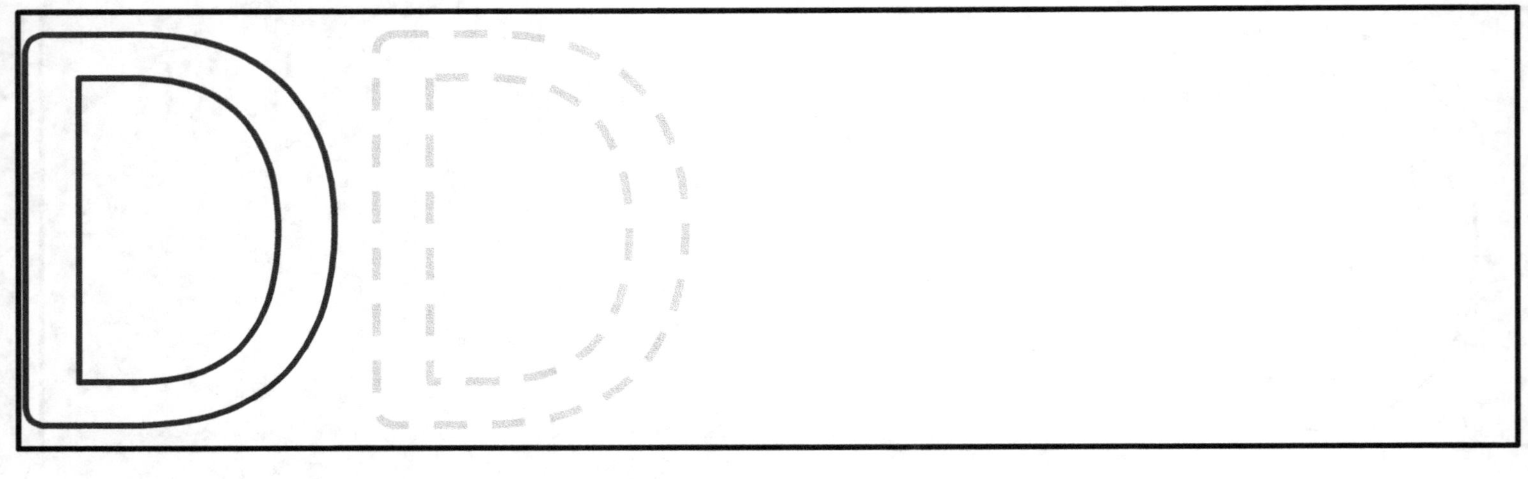

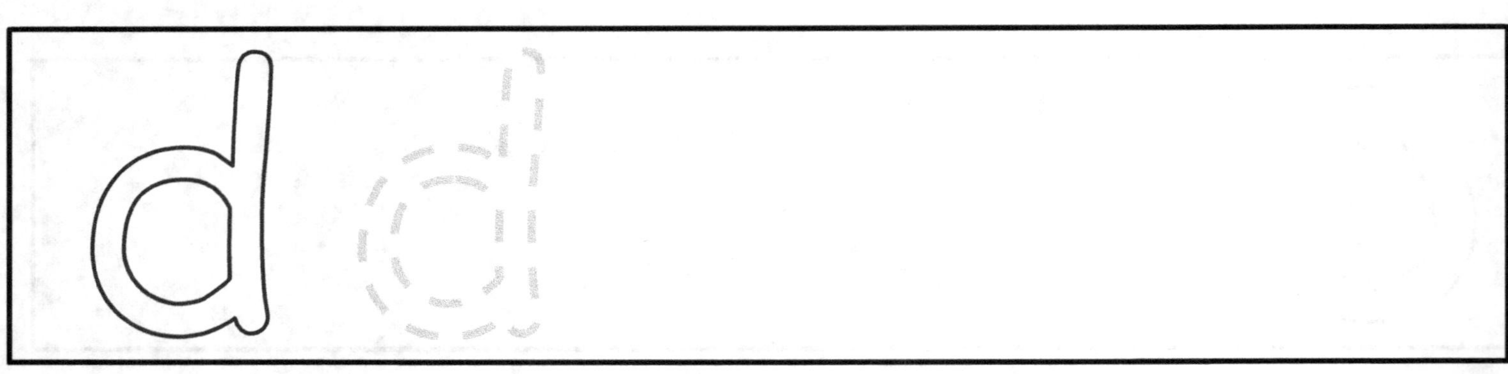

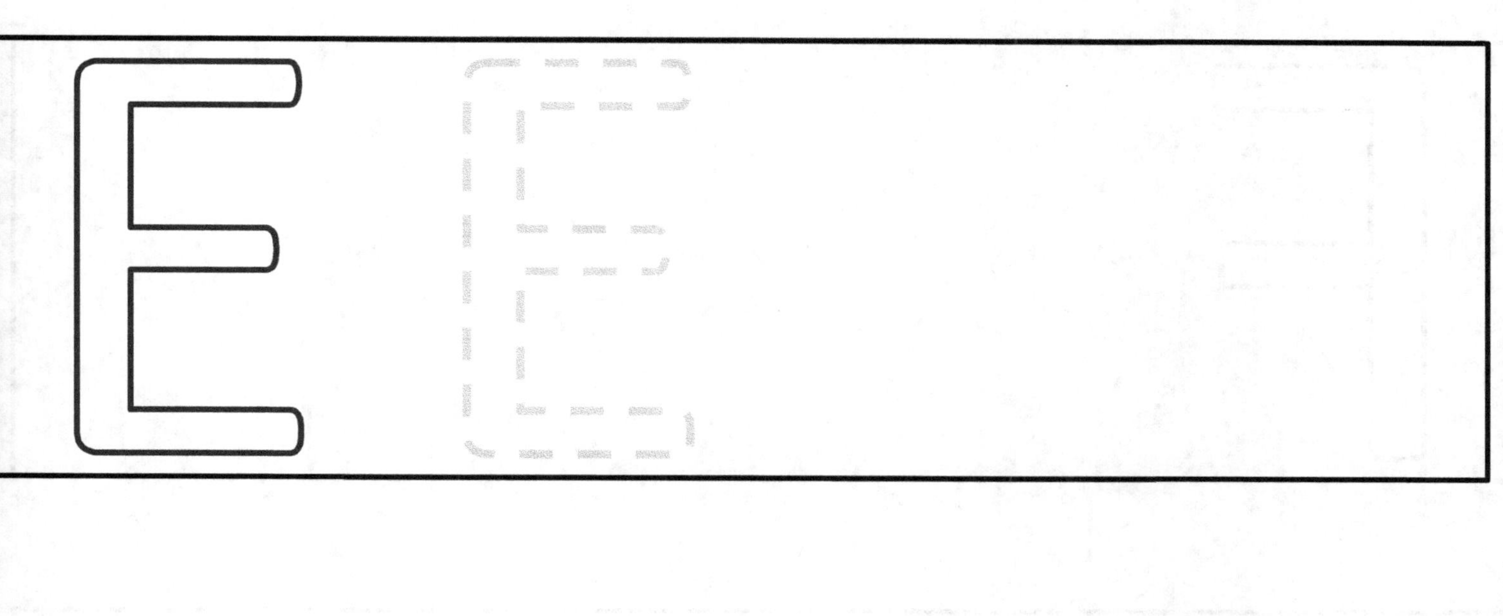

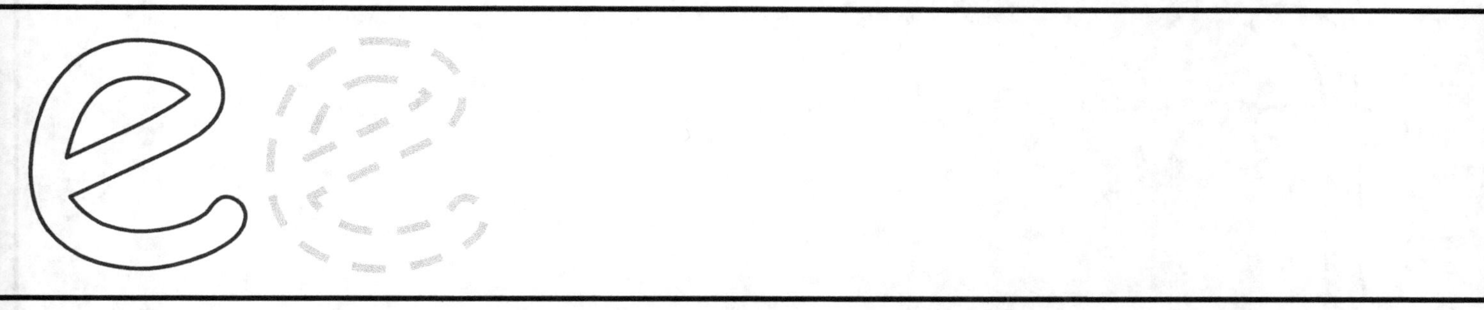

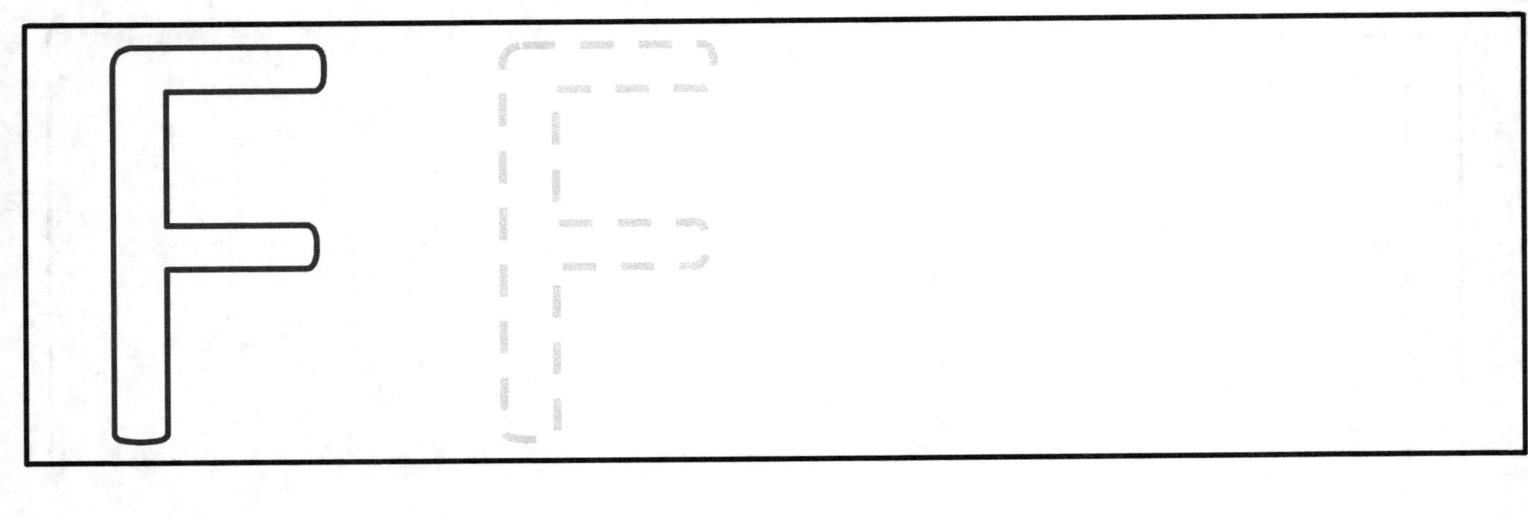

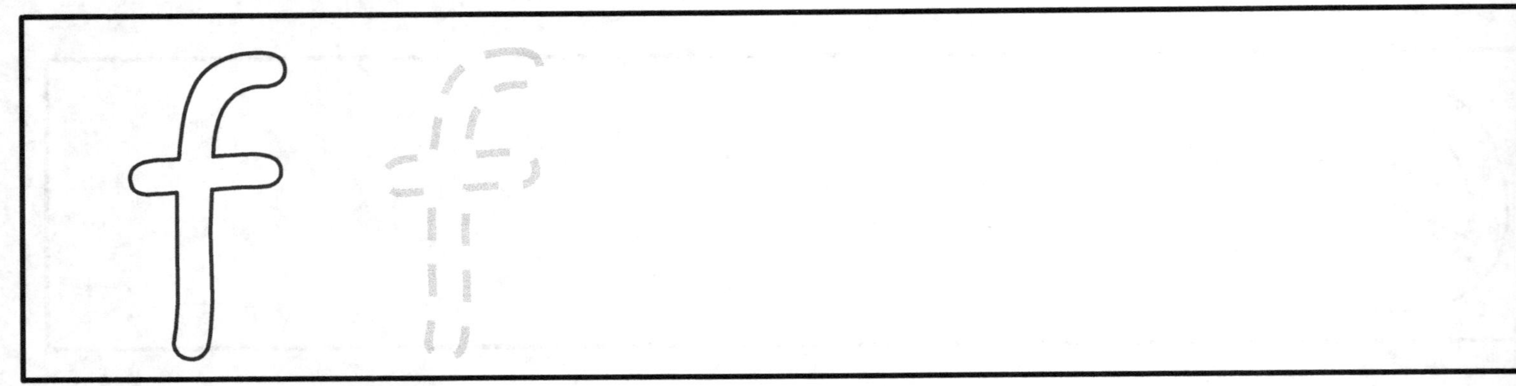

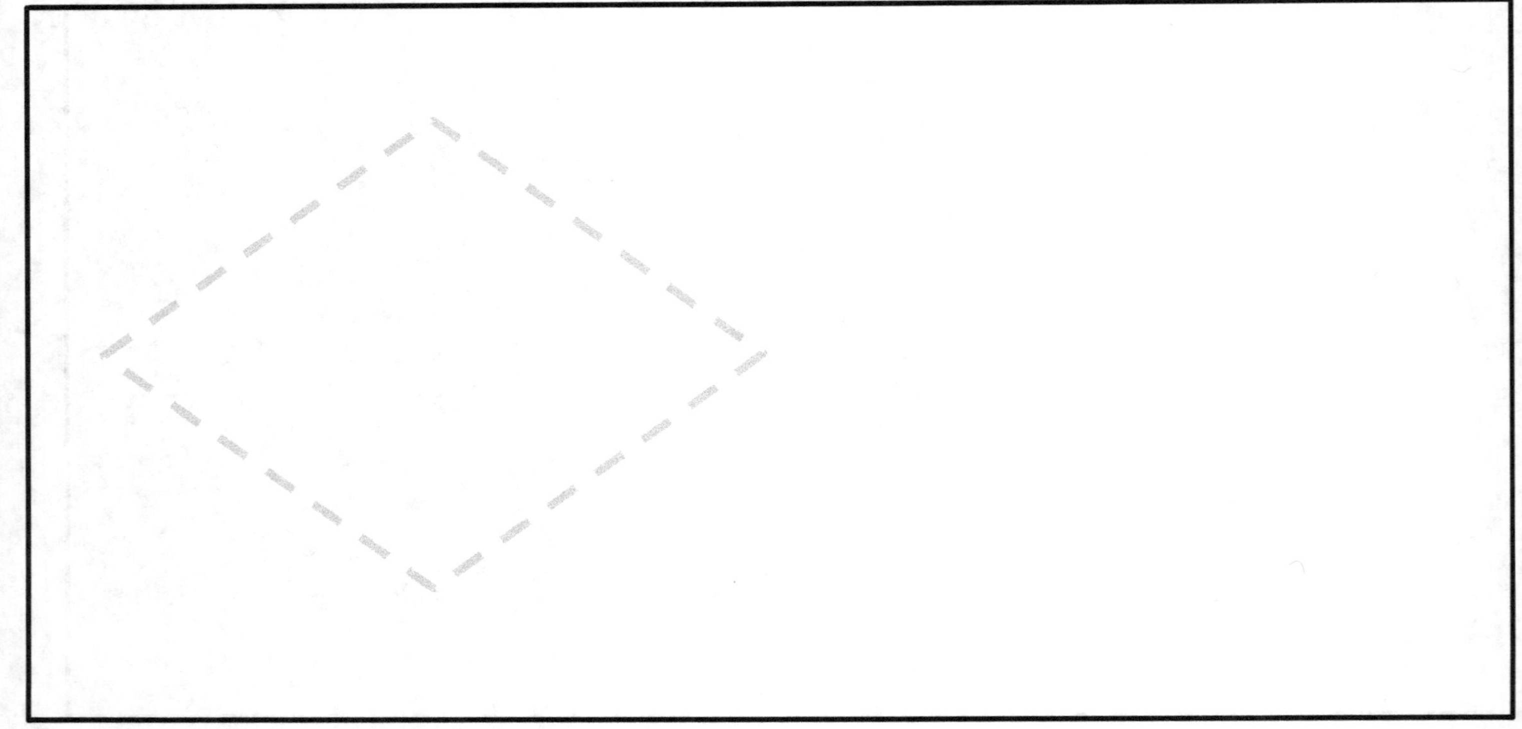

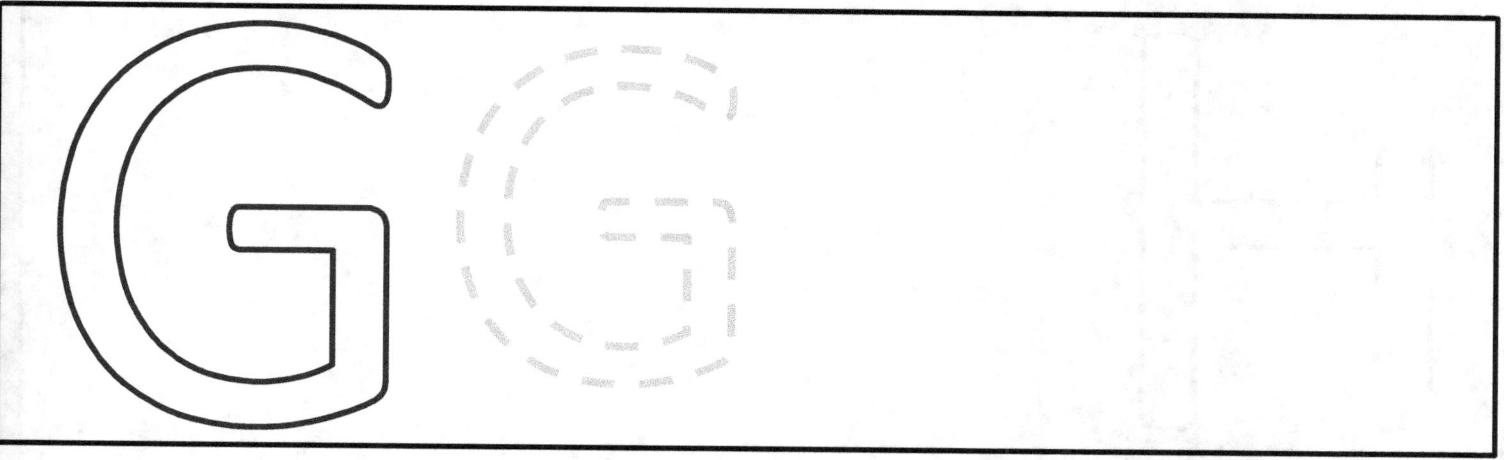

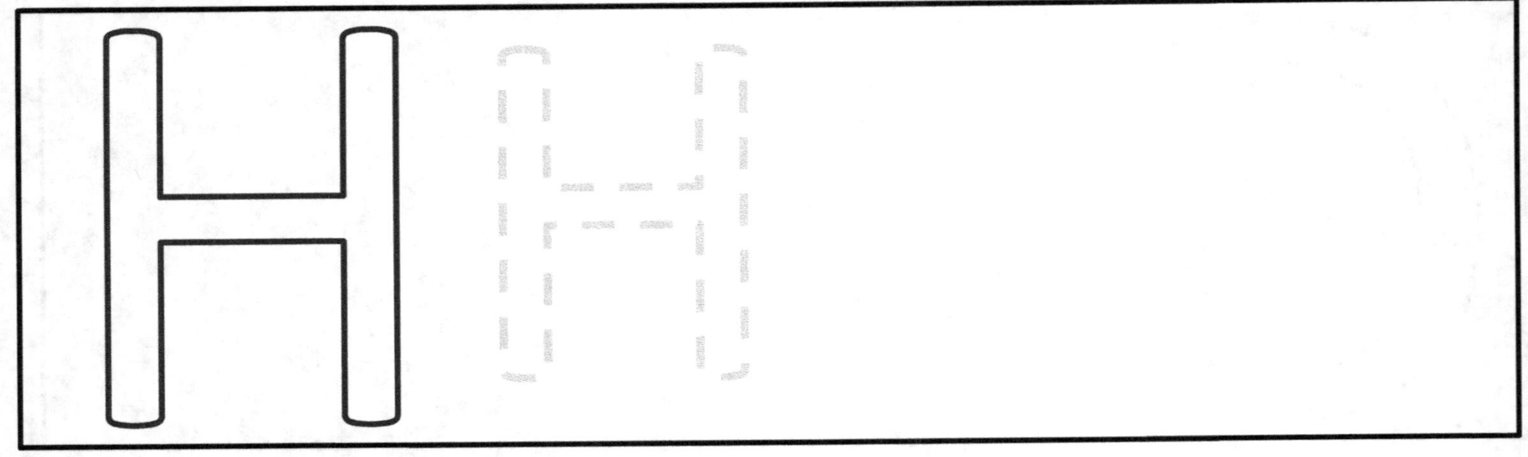

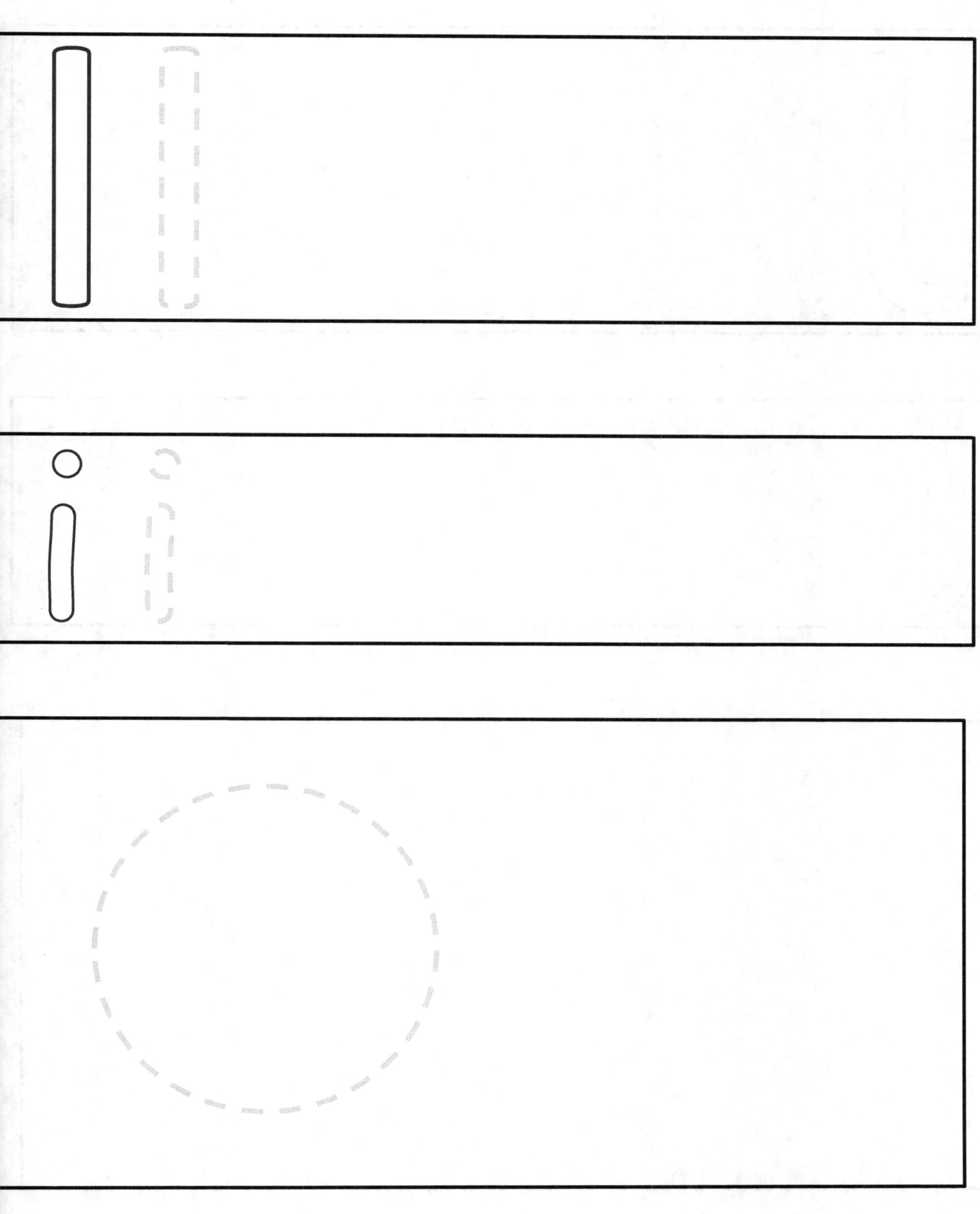

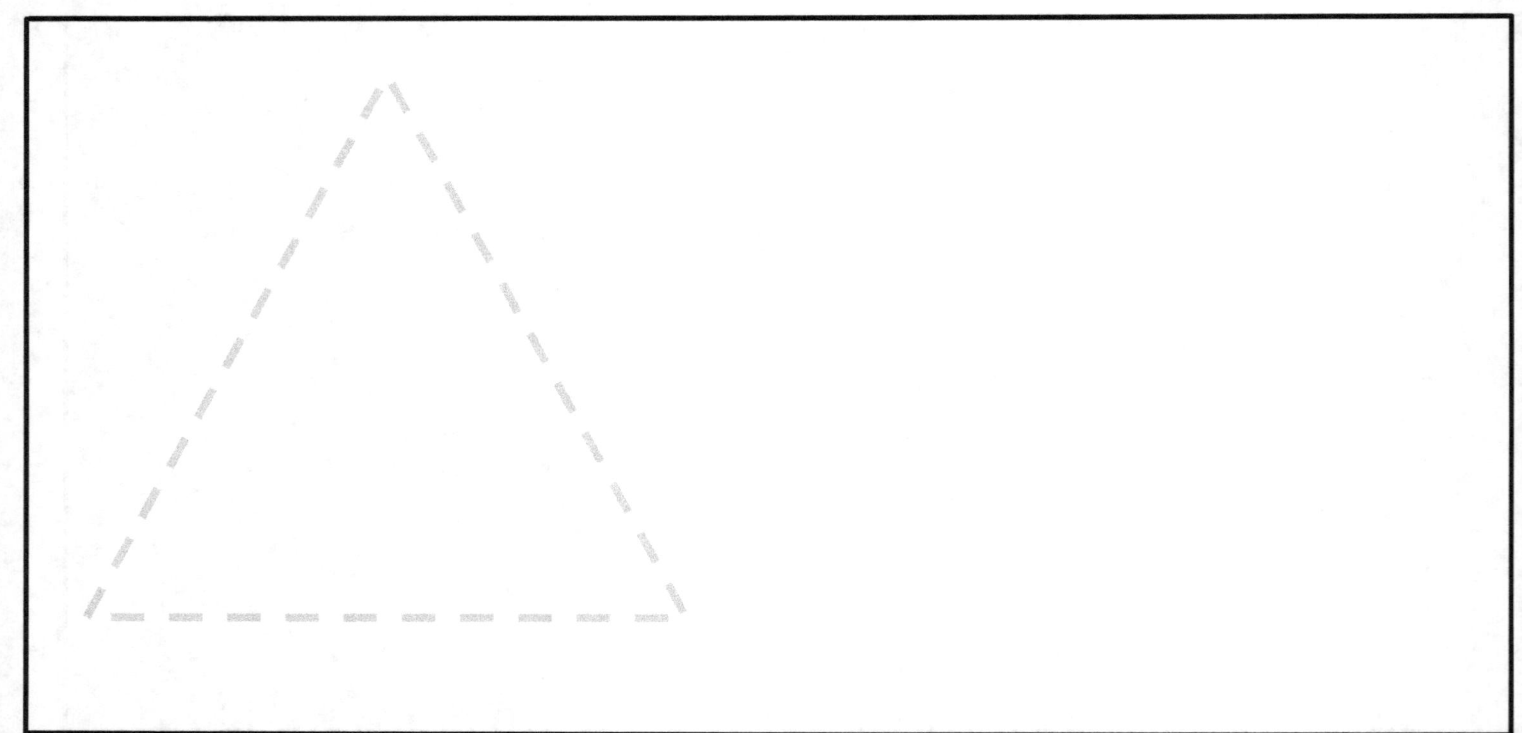

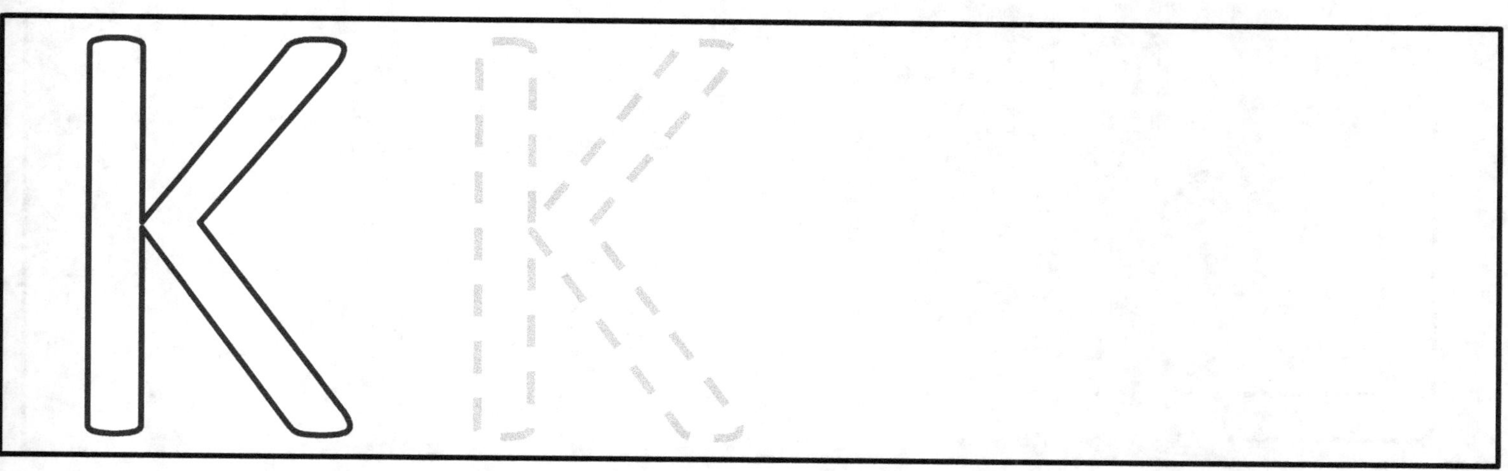

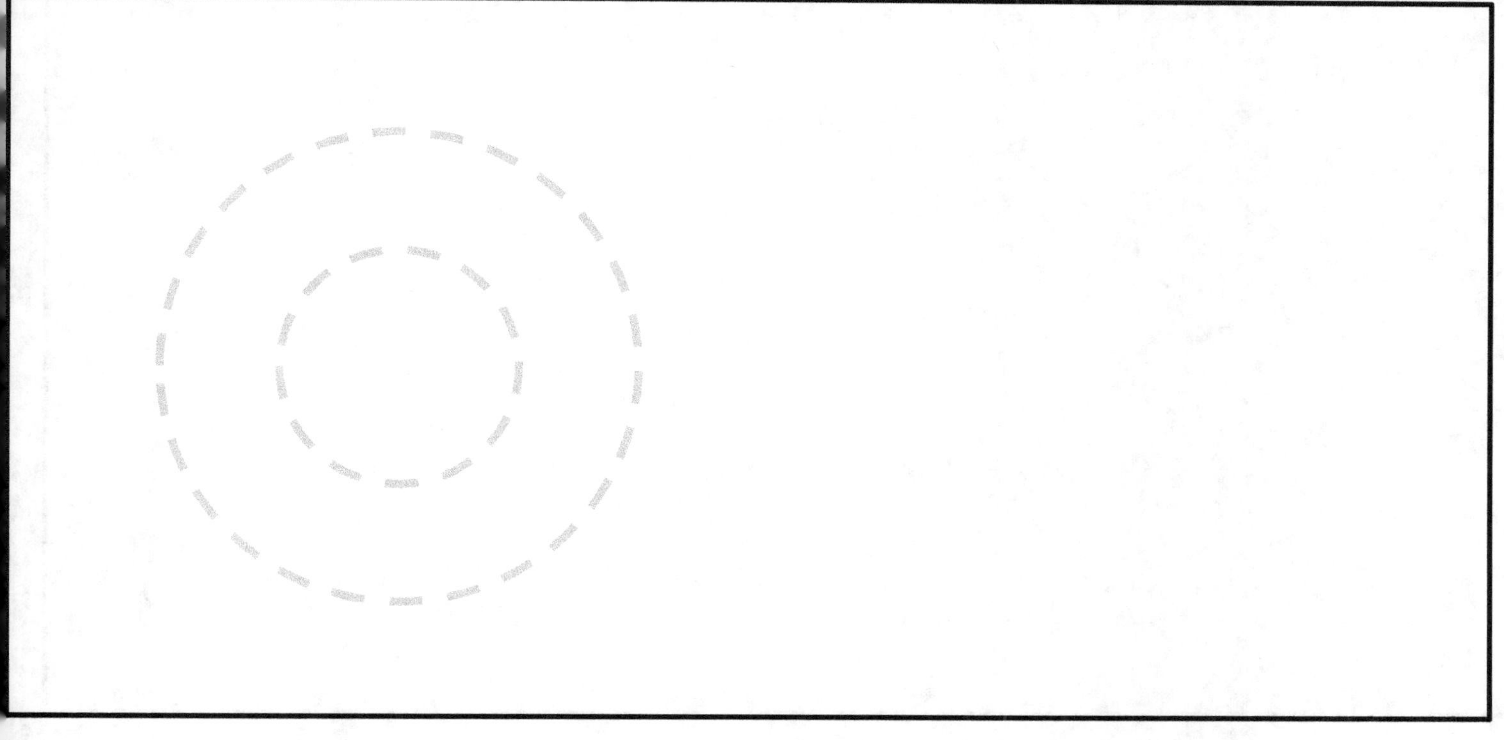

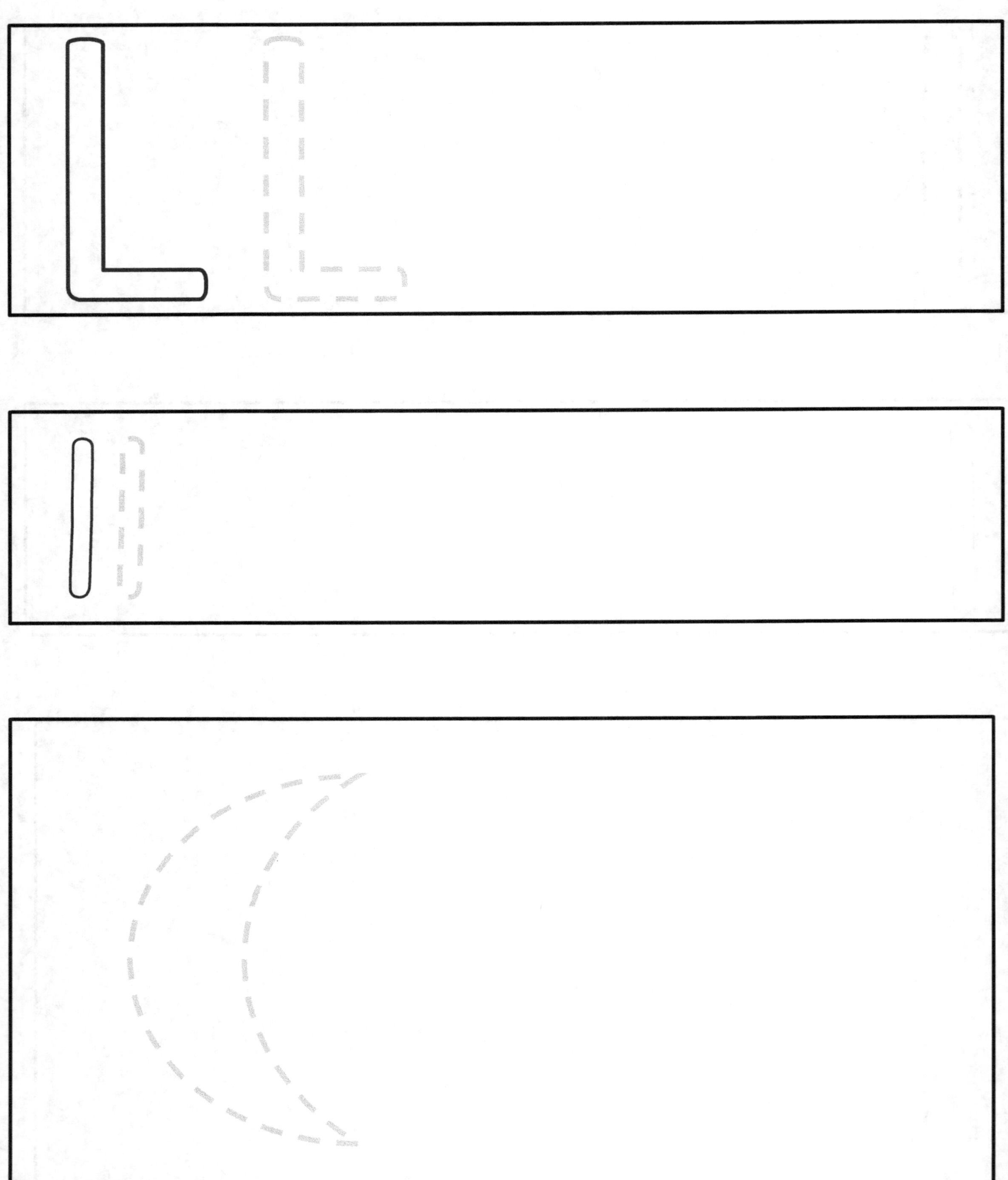

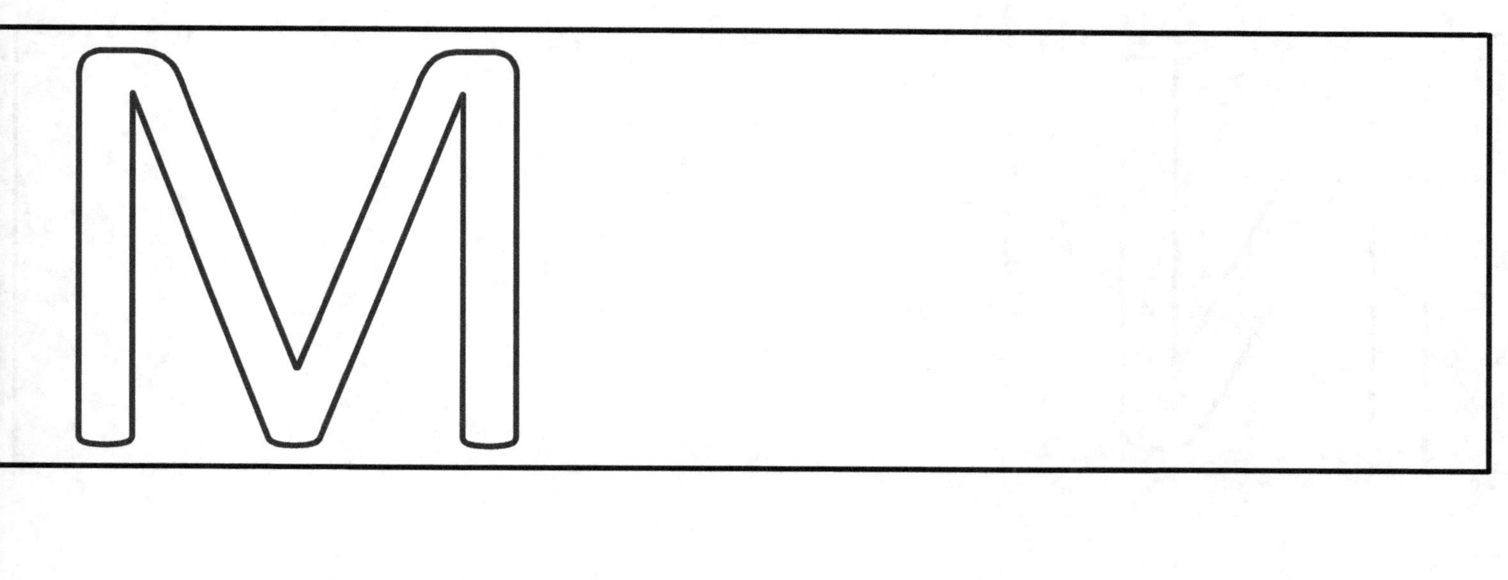

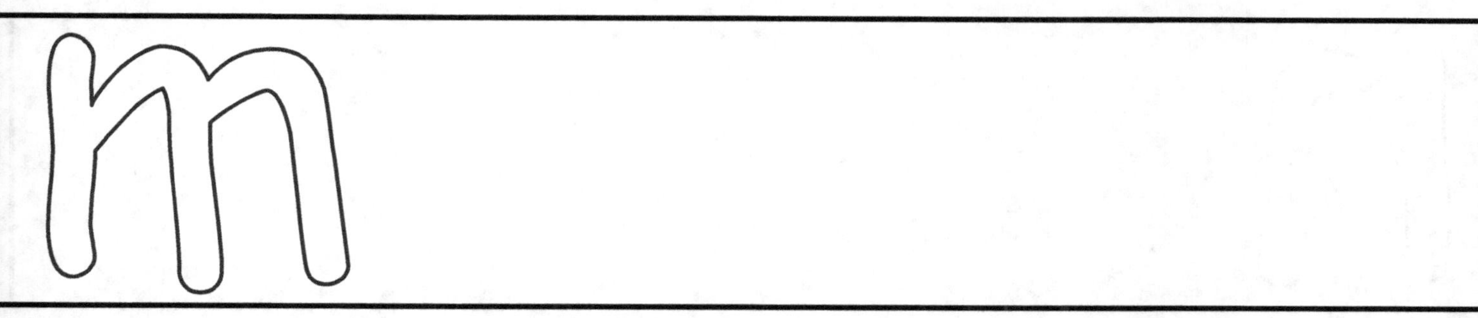

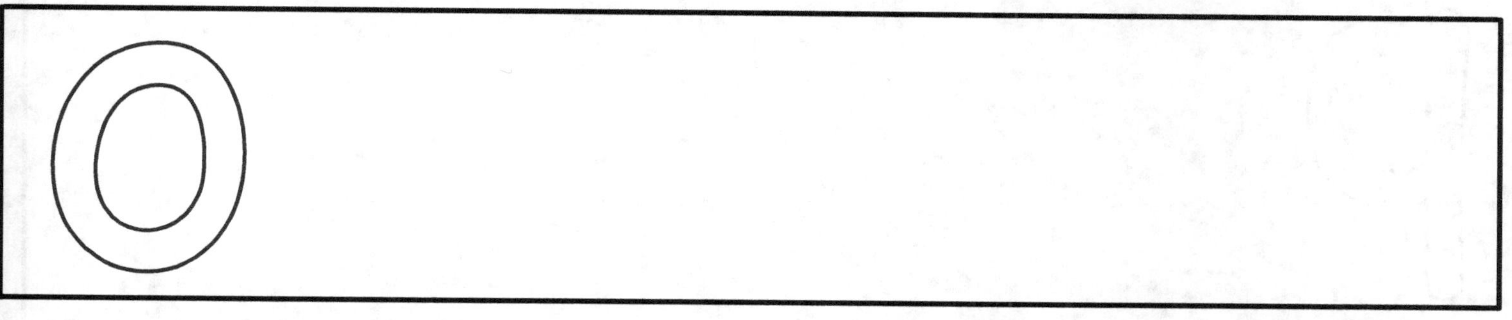

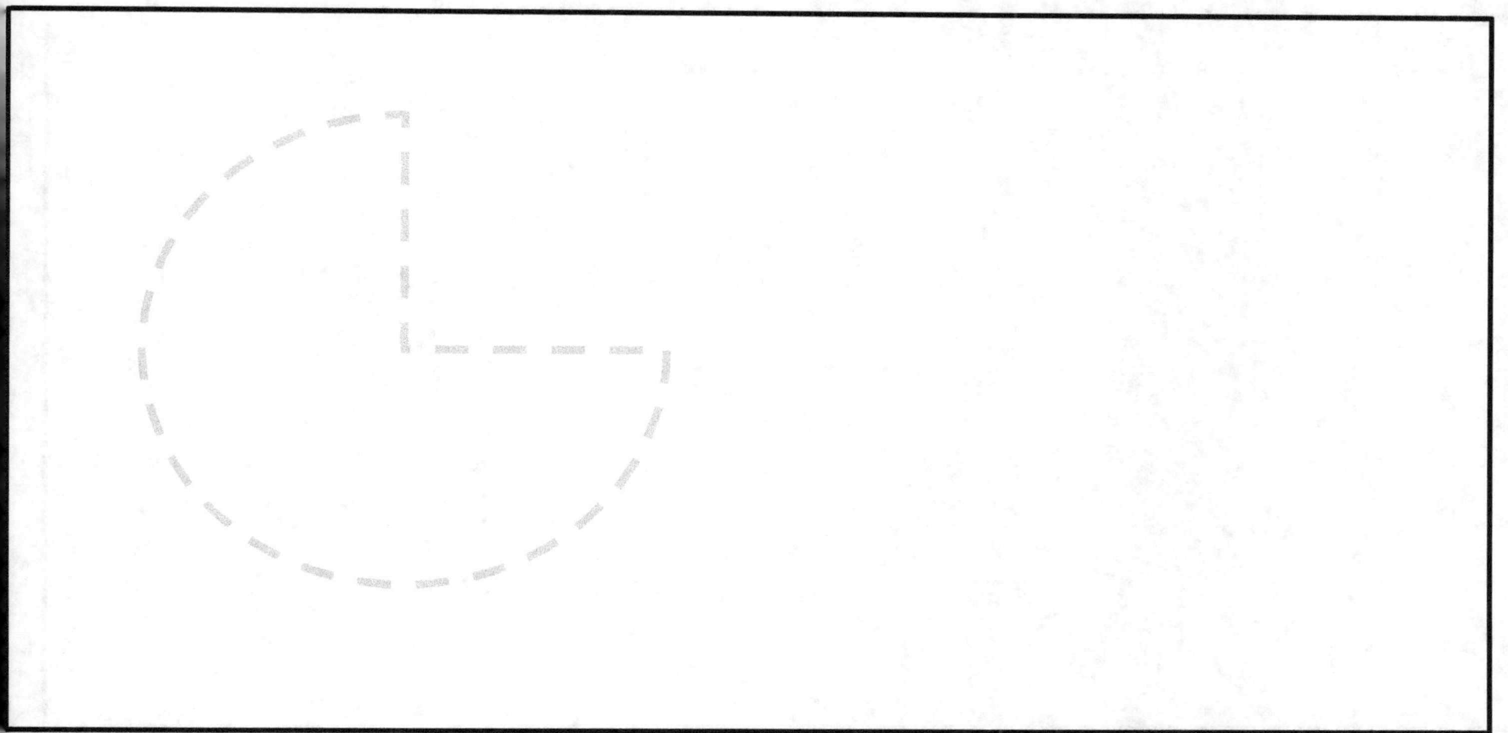

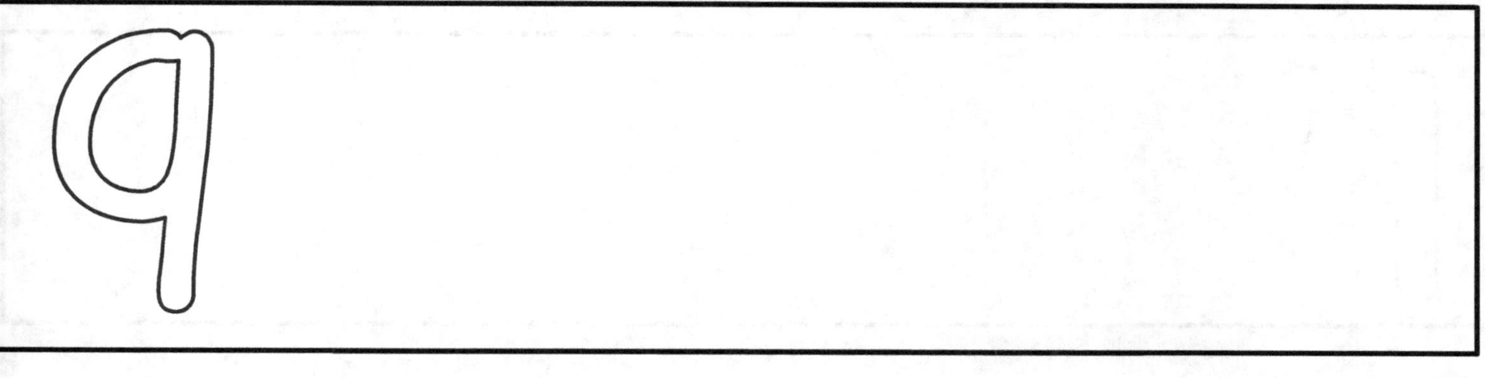

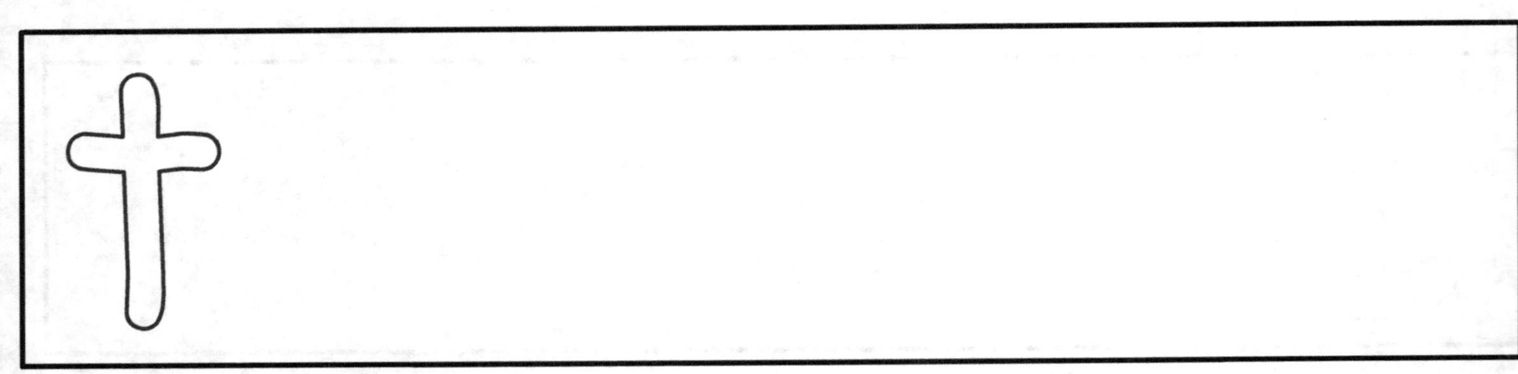

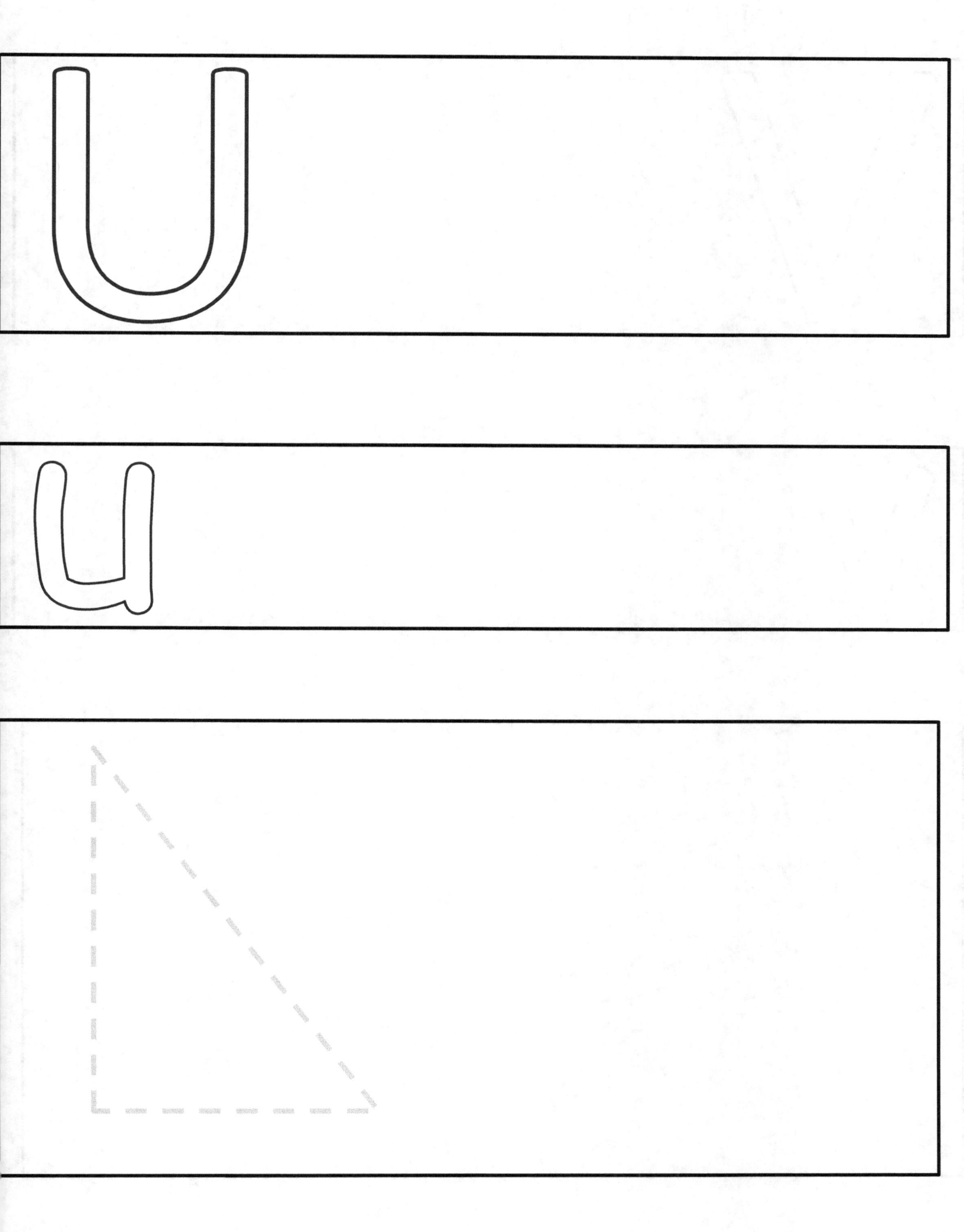

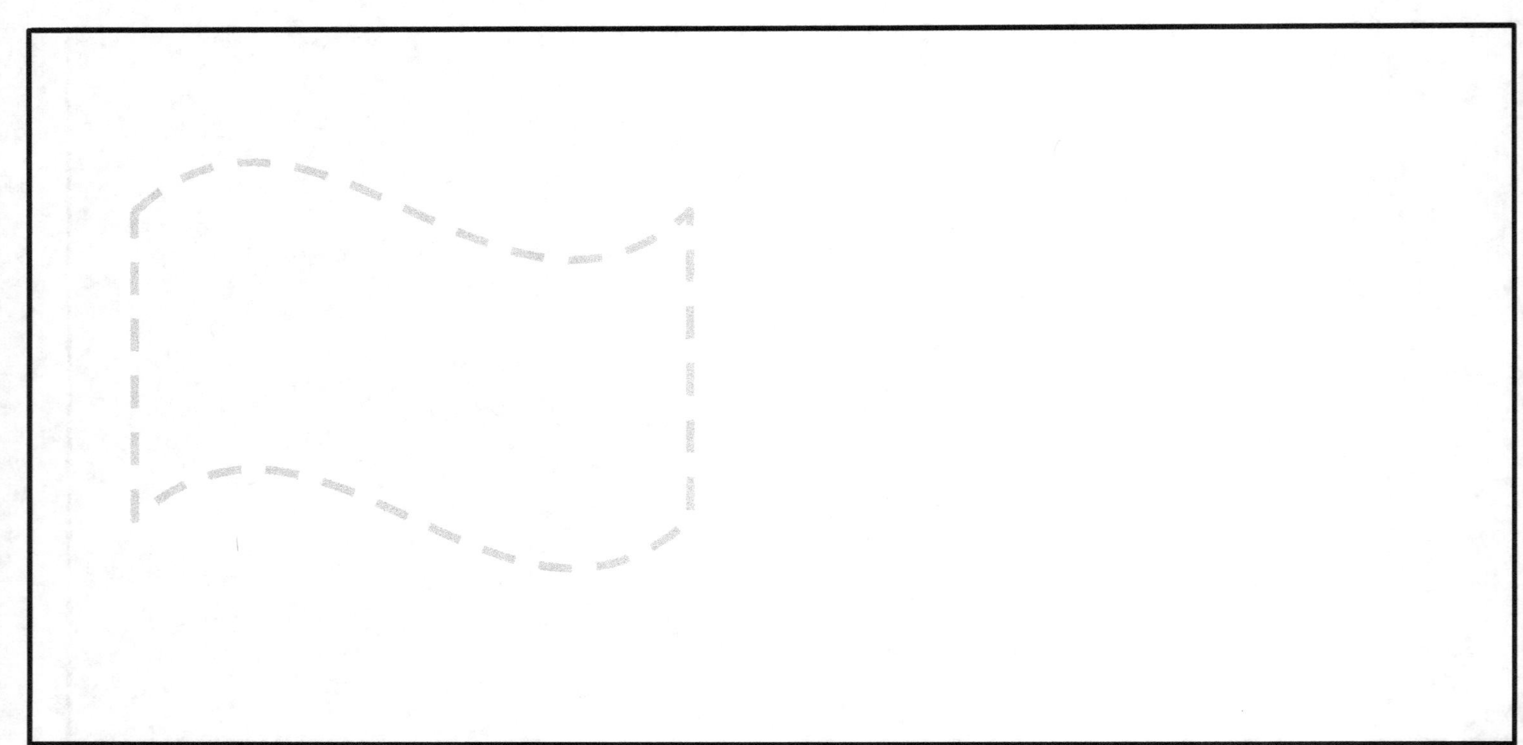

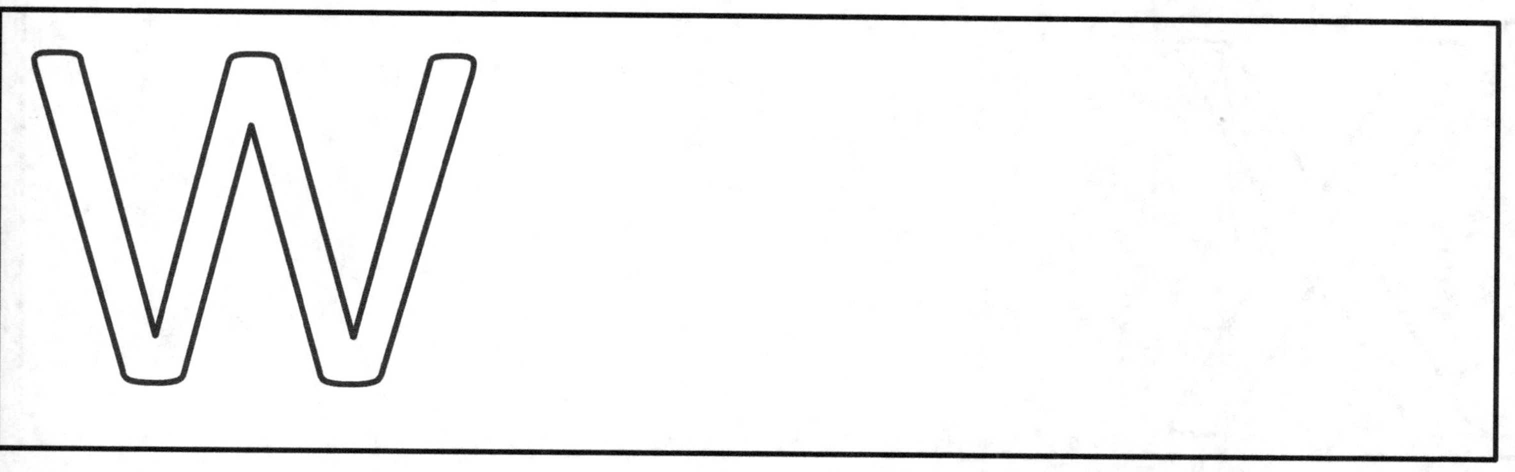

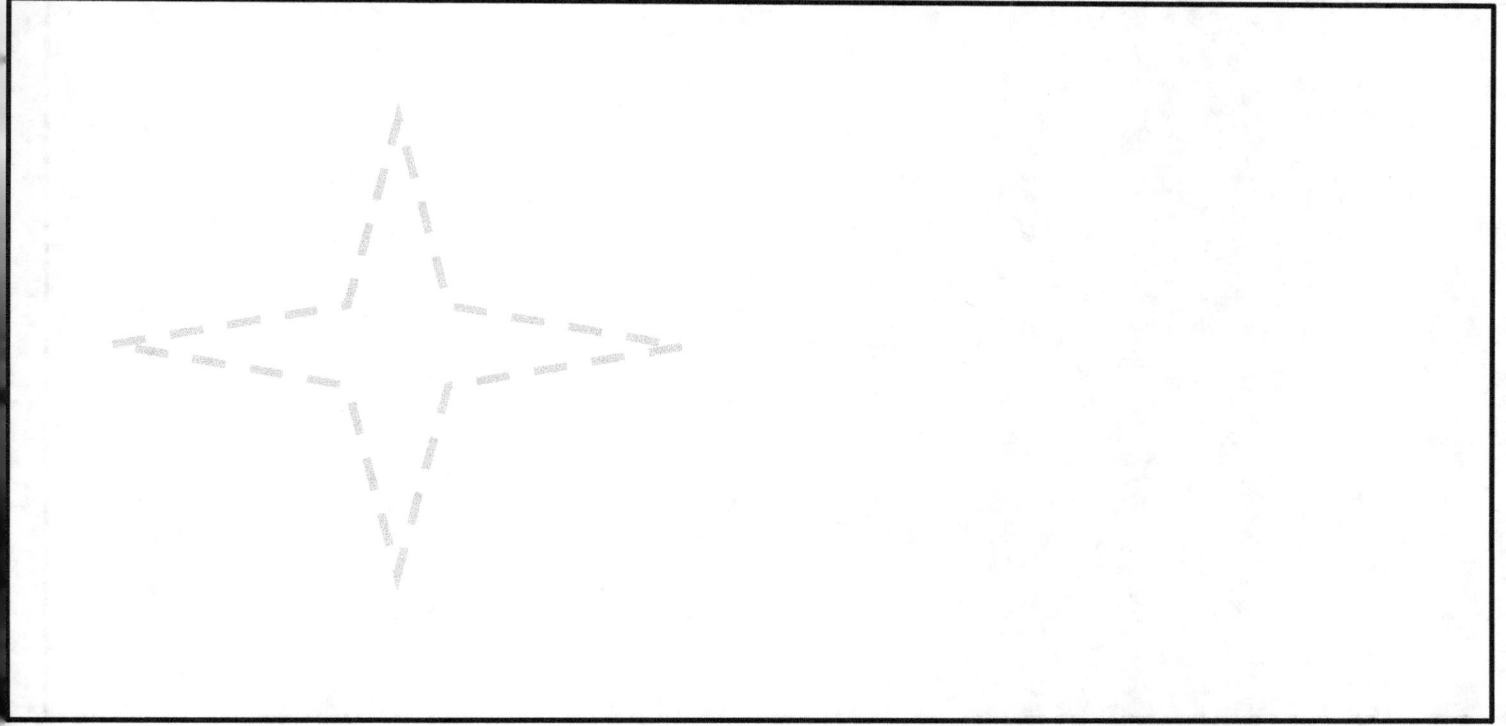

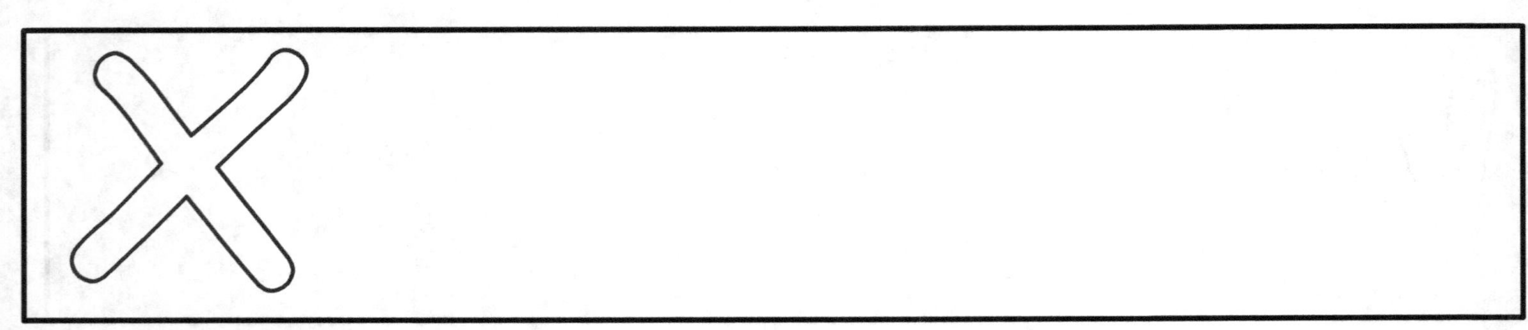

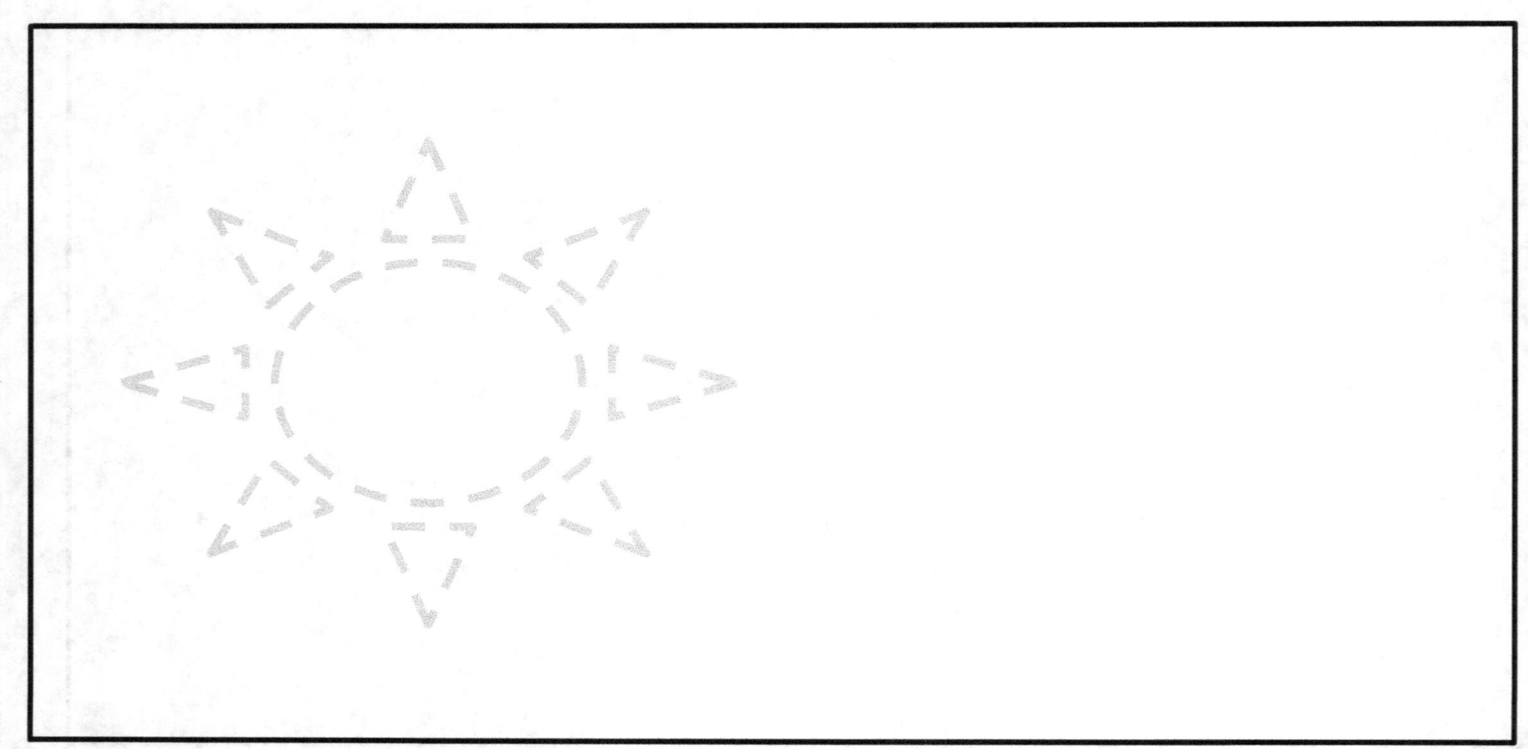

Z Z Z Z Z

Z Z Z Z Z Z Z Z

you are creative